WORKBOOK/
LABORATORY MANUAL for
NUEVOS
RUMBOS

SECOND EDITION

WORKBOOK/ LABORATORY MANUAL for
NUEVOS RUMBOS

A Short Course for Elementary Spanish

SECOND EDITION

Ronni Gordon
Harvard University

David Stillman
Harvard University

D. C. Heath and Company
Lexington, Massachusetts   Toronto

Copyright © 1986 by D. C. Heath and Company
Previous editions copyright © 1982

All rights reserved. No part of this publication may be reproduced or transmitted in any form or by any means, electronic or mechanical, including photocopy, recording, or any information storage or retrieval system, without permission in writing from the publisher.

Published simultaneously in Canada.

Printed in the United States of America.

International Standard Book Number: 0–669–08964–8

PREFACE

The *Workbook / Laboratory Manual* for *Nuevos Rumbos,* Second Edition, provides extensive writing practice for students using the main textbook in class. It also contains worksheets to be used with the tape program in the language laboratory.

The workbook exercises range from structured manipulations to free expression. Whenever possible, we have tried to give the exercises a thematic unity in order to make students aware of meaning as well as context, thus adding a real-life dimension to language use.

A new feature of the workbook is the *Puntos de vista* section, which appears in every lesson. This section provides the student with extensive reading practice using Realia from the Spanish-speaking world, including actual newspaper copy, advertisements, job applications, and university course schedules. The accompanying vocabularies and comprehension exercises prepare the student for reading documents in Spanish.

The tape program for *Nuevos Rumbos,* Second Edition, will attain maximum effectiveness if used after the teacher has presented the new material of each lesson in class. The tapes are especially effective for listening activities where the new vocabulary and structures of each lesson are recombined into fresh contexts. The tapes were recorded by native speakers with a variety of accents.

This *Workbook / Laboratory Manual* is a valuable supplement to the textbook. Since it includes an Answer Key, it could be used for self-study and will thereby save valuable time for courses in which the number of contact hours is limited.

Ronni L. Gordon
David M. Stillman

CONTENTS

Lección 1	Workbook Exercises	1		Lección 10	Workbook Exercises	115
	Laboratory Worksheet	7			Laboratory Worksheet	121
	Puntos de vista	9			*Puntos de vista*	123
Lección 2	Workbook Exercises	11		Lección 11	Workbook Exercises	127
	Laboratory Worksheet	17			Laboratory Worksheet	133
	Puntos de vista	19			*Puntos de vista*	135
Lección 3	Workbook Exercises	21		Lección 12	Workbook Exercises	137
	Laboratory Worksheet	27			Laboratory Worksheet	143
	Puntos de vista	29			*Puntos de vista*	145
Lección 4	Workbook Exercises	33		Lección 13	Workbook Exercises	149
	Laboratory Worksheet	37			Laboratory Worksheet	155
	Puntos de vista	39			*Puntos de vista*	159
Lección 5	Workbook Exercises	41		Lección 14	Workbook Exercises	165
	Laboratory Worksheet	47			Laboratory Worksheet	171
	Puntos de vista	51			*Puntos de vista*	173
Lección 6	Workbook Exercises	55		Lección 15	Workbook Exercises	181
	Laboratory Worksheet	61			Laboratory Worksheet	187
	Puntos de vista	63			*Puntos de vista*	189
Lección 7	Workbook Exercises	69		Lección 16	Workbook Exercises	195
	Laboratory Worksheet	77			Laboratory Worksheet	201
	Puntos de vista	81			*Puntos de vista*	203
Lección 8	Workbook Exercises	85		Lección 17	Workbook Exercises	209
	Laboratory Worksheet	91			Laboratory Worksheet	213
	Puntos de vista	95			*Puntos de vista*	215
Lección 9	Workbook Exercises	99		Lección 18	Workbook Exercises	221
	Laboratory Worksheet	105			Laboratory Worksheet	227
	Puntos de vista	109			*Puntos de vista*	229
					Answer Key	235

WORKBOOK/ LABORATORY MANUAL for
NUEVOS RUMBOS

SECOND EDITION

Name.. Section........................... Date........................

WORKBOOK EXERCISES

ESTRUCTURA 2

A. Rewrite each sentence changing the verb to agree with each new subject.

   Modelo: Hablo inglés y español. (ellas)
   →Hablan inglés y español.

   1. Toman fruta y queso.

   (nosotros) ....

   (Ud.) ....

   (yo) ....

   (tú) ....

   2. Trabajamos en un teatro.

   (ella y él) ....

   (yo) ....

   (tú) ....

   (el chico) ....

   3. Visitas la plaza.

   (Uds.) ....

   (yo) ....

   (Ud.) ....

   (nosotros) ....

B. Your friend wants some information about you and other people. Answer each of his questions using the cue in parentheses in your response.

   Modelo: —¿Qué estudia Miguel? (inglés y francés)
   —Miguel estudia inglés y francés.

   1. ¿Qué días trabajas? (de lunes a jueves)

   ....

2. ¿Cuándo visitan ustedes el museo?   (mañana)

   ....

3. ¿Con quiénes hablamos italiano?   (Rosa y Marcos)

   ....

4. ¿Dónde estudias hoy?   (la oficina)

   ....

5. ¿Cuándo trabaja María?   (hoy y mañana)

   ....

6. ¿Qué tomas?   (té y un pastel)

   ....

7. ¿Cuándo visito la plaza?   (el domingo)

   ....

8. ¿Con quién hablas?   (el señor Torres)

   ....

ESTRUCTURA 3

C. Answer each of your friend's questions in the negative.

   Modelo: —¿Hablas con Teresa hoy?
   —No, no hablo con Teresa hoy.

   1. ¿Trabajas en la tienda todo el día?

      ....

   2. ¿Laura estudia ruso?

      ....

   3. ¿Visitan Uds. el museo de arte hoy?

      ....

   4. ¿Estudias alemán con Jorge?

      ....

   5. ¿Uds. trabajan en el Hotel Paraíso?

      ....

Name.. Section........................... Date........................

6. ¿Los chicos toman helado en el café?
   ....

7. ¿Queda el banco al lado del correo?
   ....

8. ¿Hay museos en la calle Princesa?
   ....

ESTRUCTURA 4

D. Rewrite each of the following statements as questions. Write three possible versions of each question.

1. Las chicas trabajan en un teatro.
   ....
   ....
   ....

2. Tú tomas fruta.
   ....
   ....
   ....

3. Fernando visita el museo de arte.
   ....
   ....
   ....

ESTRUCTURA 5

E. Rewrite each of the following noun phrases in the plural.

1. la señorita ....
2. el lunes ....
3. el pastel ....
4. la chica ....
5. el día ....

6. la avenida ....

7. un hotel ....

8. un queso ....

9. una plaza ....

10. un cine ....

11. una calle ....

12. una tienda ....

ESTRUCTURA 6

F. Supply the correct form of the preposition **de** + the definite article (**del, de la, de los, de las**) in each of the following sentences.

1. Tomamos té en el café .... hotel.

2. Hablan inglés en las tiendas .... plaza.

3. El señor .... museo no trabaja los lunes.

4. Trabajo en una oficina .... teatro.

5. Hay restaurantes cerca .... tiendas.

6. ¿Tomas los helados .... cafés?

G. Tell where you and your friends go to have your favorite ice cream. Use the contraction **del** where necessary.

Modelo: —¿Qué helado toman Uds.? (el café)
—Tomamos el helado del café.

1. ¿Qué helado toma Elena? (el restaurante)

   ....

2. ¿Qué helado toman los chicos? (el cine)

   ....

3. ¿Qué helado tomas? (la tienda)

   ....

4. ¿Qué helado toma Juan Antonio? (el teatro)

   ....

5. ¿Qué helado tomamos? (la Avenida San Antonio)

   ....

Name.. Section............................ Date............................

6. ¿Qué helado toman Uds.? (el Hotel Paraíso)

....

TRADUCCIÓN

H. Translate the following story about Anita Montes' studies and job.

1. Anita Montes speaks English and Spanish.

   ....

2. She studies French and Italian too.

   ....

3. She works in the office of the art museum.

   ....

4. The museum is on Serrano Street.

   ....

5. There's a café opposite the museum.

   ....

6. Anita has tea and a pastry there every Friday.

   ....

COMPOSICIÓN

I. Write a paragraph telling some things about yourself (real or imaginary), using the following questions as a guide.

What languages do you speak? What languages do you study? When do you study them? Where do you work? Where is the place where you work located (near or far from what, on what street, etc.)? What days do you work? Which places do you visit? When? Where do you have dessert? What do you eat for dessert?

....

....

....

....

....

....

....
....
....
....
....
....
....
....

Name... Section............................. Date..........................

Lección 1 LABORATORY WORKSHEET

I. Iniciación

Repeat each phrase or sentence after the speaker.

II. Continuación

Repeat each sentence after the speaker.
  I.   *Where is it?*
  II. *Do you speak English?*
  III. *What are they having for dessert?*

III. Pronunciación

Practice Spanish stress and rhythm. Repeat each word, phrase or sentence after the speaker. Be careful to make all syllables of equal length and not to slur the vowels of the unstressed syllables.

el correo	todo el día	¿Qué tomas de postre?
un hotel	enfrente del cine	Visitamos el museo.
los viernes	Queda cerca.	Hablo inglés y francés.
español	¿Hay unos cafés?	Las señoras estudian ruso.
portugués	El chico trabaja allí.	Pablo toma un pastel.

IV. Structure Drills

A. *Present tense of -a- verbs*

Repeat each of the following sentences after the speaker. Then, say it again, changing the verb to agree with each cue that you hear. Repeat each correct answer after the speaker's confirmation. Listen to the model.

Speaker   Estudia italiano.
Student: Estudia italiano.
Speaker: ellos
Student: Estudian italiano.
Speaker: Estudian italiano.
Student: Estudian italiano.

B. *Negative sentences*

Answer each of the following questions in the negative. Repeat each correct response after the speaker's confirmation. Listen to the model.

Speaker: ¿Juan toma helado de postre?
Student: No, no toma helado de postre.
Speaker: No, no toma helado de postre.
Student: No, no toma helado de postre.

V. Listening Activities

A. *Listening comprehension*

You will hear six questions or statements followed by three suggested responses. Circle the letter of the correct response. Each item will be read twice.

1. a b c
2. a b c
3. a b c
4. a b c
5. a b c
6. a b c

B. *True/false*

You will hear a paragraph read twice. After the second reading the speaker will read four statements twice each. Based on the content of the paragraph, indicate on your worksheet whether each statement is true or false. Listen to the paragraph.

1. T F   2. T F   3. T F   4. T F

C. *Answering questions*

You will hear a paragraph read twice. Listen to it carefully. After the second reading you will hear three questions read twice each. Based on the content of the paragraph, write an answer to each question during the pause provided.

1. ....

2. ....

3. ....

Lección 1 PUNTOS DE VISTA

Languages

Read the following ad for a language school in Spain and study the accompanying vocabulary. Then answer the questions based on what you have read. Answer the Spanish questions in Spanish and the English questions in English.

Vocabulario[1]

PALABRAS AFINES (*Cognates*)
  básico
 la **clase**
 el **grupo**

OTRAS PALABRAS (*Other words*)
  cíclico cyclical
 el **cursillo (el curso)** short course
  diario daily
  dos two
 el **extranjero** foreigner
 el **idioma** language
  julio July
 el **mes (los meses)** month
 el **metro** subway
 el **nivel (los niveles)** level
  nuevo new
  para for
  superior(-es) advanced

ABREVIATURAS (*Abbreviations*)
 el **C.E.E.** name of language school
  Infantas una calle de Madrid (España)[2]
  ptas. = pesetas monetary unit of Spain[3]
  telfs. = teléfonos telephones

1. ¿Dónde hay clases de idiomas?

   ....

2. ¿Dónde queda?

   ....

3. ¿Qué idiomas estudian?

   ....

4. ¿Quiénes estudian español?

   ....

5. ¿Cuándo hay nuevos grupos?

   ....

6. ¿Hay clases todos los días?

   ....

7. What is the monthly fee for daily classes?

   ....

8. How long does the elementary course last?

   ....

9. When are advanced courses offered?

   ....

10. How would you go about getting further information about this school?

    ....

---

[1] The vocabulary in the *Puntos de vista* sections is provided to help you to use the material presented. It is not considered active vocabulary in *Nuevos Rumbos*.

[2] In giving addresses in Spanish, the street name is first, followed by the building number: Infantas, 5. Sometimes the floor number is also mentioned: **1° = primero** (*first*). Note that in Spain **el primer piso** (*floor*) is the second floor. The "first floor" is **la planta baja**.

[3] At this writing, there are about 165 pesetas to the U.S. dollar.

Name.. Section............................ Date.........................

LECCIÓN 2

WORKBOOK EXERCISES

ESTRUCTURA 1

A. Rewrite each sentence changing the verb according to each new subject.

Modelo: Aprendo biología este año. (él)
→ Aprende biología este año.

1. Debes tomar cuatro materias.

   (ellos) ....

   (yo) ....

   (Ud.) ....

   (tú y yo) ....

   (ella) ....

2. Escribimos mucho para esa clase.

   (Uds.) ....

   (Manolo) ....

   (yo) ....

   (tú) ....

   (ellas) ....

3. ¿El chico lee en la biblioteca?

   (Joaquín y Carmen) ....

   (tú) ....

   (Uds.) ....

   (los profesores) ....

   (Ud.) ....

ESTRUCTURA 2

B. Complete each of the following sentences with the correct form of **ir, poder,** or **querer.** Follow the model.

Modelo: Los chicos van al café, pero los profesores no ....van............ .

1. Yo quiero estudiar biología, pero tú no ....

2. Todos los chicos van al cine, pero yo no ....

3. Carlos y Josefina pueden pasar el día aquí, pero nosotros no ....

4. José quiere estudiar para ingeniero, pero Marcos y Pablo no ....

5. Los profesores van a la clase, pero nosotros no ....

6. Tú puedes ir al teatro, pero yo no ....

7. Todas las muchachas van a la biblioteca, pero tú no ....

8. Ud. quiere tomar un café ahora, pero nosotros no ....

9. Yo puedo sacar muy buenas notas, pero Luis no ....

10. Nosotros vamos a la cafetería, pero Uds. no ....

ESTRUCTURA 3

C. Complete the following story with the correct form of the verbs in parentheses.

1. (estudiar) Marta y Paula .... para profesoras.

2. (querer) Paula .... enseñar historia.

3. (creer) Marta .... que quiere enseñar matemáticas.

4. (ir) Las dos chicas .... a la universidad todos los días.

5. (deber) Marta y Paula .... estudiar mucho.

6. (aprender) Marta .... muchas cosas en las clases de matemáticas.

7. (leer) Paula .... muchos libros para la clase de historia.

8. (necesitar) Las dos chicas .... trabajar,

9. (poder) pero no ....

10. (pasar) Ellas .... la vida con los libros.

Name.. Section............................ Date........................

D. Form sentences according to the instructions given.

   I. Tell what people want to do. Use **querer** + *infinitive*.

      a. el profesor / enseñar química

      ....

      b. tú / trabajar en un hotel

      ....

      c. nosotros / sacar buenas notas

      ....

      d. los chicos / tomar un café

      ....

   II. Tell what people cannot do. Write negative sentences using **poder** + *infinitive*.

      a. yo / estudiar como un loco

      ....

      b. los profesores / leer todas las composiciones

      ....

      c. la médica / trabajar tanto

      ....

      d. los chicos / leer tantos libros

      ....

   III. Tell what people ought to do. Use **deber** + *infinitive*.

      a. María / estudiar para el examen de física

      ....

      b. los abogados / leer muchos libros

      ....

      c. nosotros / escribir la composición

      ....

      d. ellos / ir a la universidad

      ....

ESTRUCTURA 4

E. Create a sentence out of each of the following sequences of elements by placing them in the correct order and then making all necessary changes. Write out all numerals.

   Modelo: escribir / ella / composiciones / 10
   →Ella escribe diez composiciones.

   1. enseñar / profesoras / sicología / 25

   ....

   2. poder / materias / tomar / ¿quiénes? / 4

   ....

   3. museos / deber / 15 / Joaquín / visitar

   ....

   4. en / español / hay / 32 / clase / chicos / la / de

   ....

   5. los / aprender / ingenieros / idioma / 1 / querer

   ....

   6. de / 97 / hay / la / libros / biblioteca / en / filosofía

   ....

ESTRUCTURA 5

F. Answer the following questions using the quantifying modifiers **muchos** or **muchas** or the quantifying adverb **mucho,** as required.

   Modelo: ¿Cuántos chicos escriben composiciones ahora?
   →Muchos chicos escriben composiciones ahora.

   1. ¿Cuántas profesoras enseñan en la universidad?

   ....

   2. ¿Cuántos idiomas quieres hablar?

   ....

   3. ¿Cuánto leen Uds.?

   ....

   4. ¿Cuántos días necesita Ud. trabajar?

   ....

Name.. Section............................. Date...........................

5. ¿Cuánto aprenden en la clase de historia?

   ....

6. ¿Cuántas oficinas debo visitar hoy?

   ....

TRADUCCIÓN

G. Translate the following paragraph into Spanish.
   1. I'm studying at the university.

      ....

   2. I can take four subjects next year.

      ....

   3. I want to take chemistry, sociology, Spanish, and economics.

      ....

      ....

   4. I have to read so much and I spend my life in the library.

      ....

   5. I study like a madman!

      ....

   6. I should take a lot of history and political science because I want to study law.

      ....

      ....

COMPOSICIÓN

H. Write a paragraph about your experience at college using the following questions as a guide: What days do you go to the university? What subjects are you taking now and what subjects do you have to (or want to) take next year? Do you have to go to the library every day? How much time do you spend in the library? Do you have to read a lot? Do you write a lot of compositions or term papers (**el trabajo** = *term paper*)? What kind of grades do you want to get? What are you studying to be?

   ....

   ....

   ....

Name.. Section............................ Date..........................

Lección 2 LABORATORY WORKSHEET

I. Iniciación

Repeat each phrase or sentence after the speaker.

II. Continuación

Repeat each phrase or sentence after the speaker.

III. Pronunciación

Practice your intonation. Repeat the following statements and questions after the speaker. Try to imitate the speaker's intonation as closely as possible.

A. Statements

1. Estudio para médico.
2. Queremos aprender computación.
3. Hay setenta chicos.
4. Escriben muchas composiciones.
5. Pablo va a sacar libros.

B. Questions beginning with question words

1. ¿Cómo van las cosas?
2. ¿Por qué lees tantos libros?
3. ¿Adónde va Ud.?
4. ¿Cuánto tiempo pasas en la biblioteca?
5. ¿Qué estudia María?

C. Questions not beginning with question words

1. ¿Estudia Manolo computación?
2. ¿Pueden Uds. ir al cine?
3. ¿Vas a la cafetería?
4. ¿Quiere Ud. estudiar para abogada?
5. ¿Crees que podemos ir?

IV. Structure Drills

A. Present tense of -e- and -i- class verbs, and ir, poder, and querer

Repeat each of the following sentences after the speaker. Then, say it again, changing the verb to agree with each cue that you hear. Repeat each correct answer after the speaker's confirmation. Listen to the model.

Speaker: Aprendo física.
Student: Aprendo física.
Speaker: tú
Student: Aprendes física.
Speaker: Aprendes física.
Student: Aprendes física.

B. Verb + infinitive construction

Repeat each of the following sentences after the speaker. Then, when you hear an infinitive, restate the sentence, incorporating the correct form of the infinitive into it. Repeat each correct response after the speaker's confirmation. Listen to the model.

Speaker: Saco dos libros.
Student: Saco dos libros.
Speaker: necesitar
Student: Necesito sacar dos libros.
Speaker: Necesito sacar dos libros.
Student: Necesito sacar dos libros.

V. Listening Activities

A. Listening comprehension

You will hear six questions or statements followed by three suggested responses. Circle the letter of the correct response. Each item will be read twice.

1. a b c   3. a b c   5. a b c
2. a b c   4. a b c   6. a b c

B. True/false

You will hear a paragraph read twice. After the second reading the speaker will read four statements twice each. Based on the content of the paragraph, indicate on your worksheet whether each statement is true or false.

1. T F   2. T F   3. T F   4. T F

C. Answering questions

You will hear a paragraph read twice. Listen to it carefully. After the second reading you will hear three questions read twice each. Based on the content of the paragraph, write an answer to each question during the pause provided.

1. ....

2. ....

3. ....

Lección 2 PUNTOS DE VISTA

University Life

University students in Spanish-speaking countries also need to consult a catalogue for information about courses of study, requirements, credits, etc. Read the following page from the catalogue of the Universidad Simón Bolívar (Caracas, Venezuela) and study the accompanying vocabulary. Then answer the questions in Spanish based on the content of the catalogue.

BIOLOGIA

PRIMER AÑO
CICLO COMUN

CODIGO	ASIGNATURA	T	P	L	U	REQUISITO	CORREQUISITO
	PRIMER PERIODO						
MAT111	Matemáticas	4	2	0	4		
MAT117	Geometría	3	1	0	3		
IDM111	Inglés	3	1	0	3		
EGL111	Lenguaje	3	0	0	3		
	Estudios Generales	3	0	0	3		
		16	4	0			
	TOTAL			20	16		
	SEGUNDO PERIODO						
MAT112	Matemáticas	4	2	0	4	MAT111	
FIS115	Física	3	2	0	3	MAT111-MAT117	
IDM112	Inglés	3	1	0	3	IDM111	
EGL112	Lenguaje	3	0	0	3	EGL111	
	Estudios Generales	3	0	0	3		
		16	5	0			
	TOTAL			21	16		
	TERCER PERIODO						
MAT113	Matemáticas	4	2	0	4	MAT112	
FIS116	Física	3	2	0	3	FIS115-MAT112	
IDM113	Inglés	3	1	0	3	IDM112	
EGL113	Lenguaje	3	0	0	3	EGL112	
	Estudios Generales	3	0	0	3		
		16	5	0			
	TOTAL			21	16		

Vocabulario

PALABRAS AFINES

el **catálogo**
el **ciclo**
  común
  general
la **geometría**
el **período**
el **plan**
  total

OTRAS PALABRAS

la **asignatura** la materia
el **código** code
el **corequisito** corequirement
el **estudio (estudiar)** study
el **lenguaje** el idioma
  primer(o) first
el **requisito** requirement
  segundo second
  tercer(o) third

ABREVIATURAS

L = Laboratorio laboratory
P = Práctica practice
T = Teoría theory
U = Unidades units

1. ¿Cuántos períodos hay en el primer año de biología?

2. ¿Cuáles materias toman los estudiantes (*students*) en el **primer** período? (segundo, tercer)

3. ¿Qué idioma extranjero (*foreign*) aprenden?

4. ¿Qué lenguaje escriben y leen en EGL 111, 112 y 113?

5. ¿Hay requisitos y corequisitos para las materias? ¿Para cuáles materias? ¿En qué período(s)?

6. ¿Cuántas unidades hay en los tres períodos?

7. ¿Cuántas unidades hay de Teoría en los tres períodos?

8. ¿Qué diferencias (*differences*) hay en los tres períodos?

9. ¿En cuál materia sacan más (*more*) unidades? ¿Cuántas?

Name.. Section......................... Date....................

LECCIÓN 3

WORKBOOK EXERCISES

ESTRUCTURA 1

A. Supply the correct forms of **estar** in the sentences of the following dialogue between two friends.

1. Buenos días, Juanita. ¿Cómo .... ?

2. Hola, Consuelo. .... bien, gracias.

3. Creo que tu papá .... enfermo.

4. Sí, (él) .... en el hospital. Tiene una infección.

5. Lo siento. ¿Y cómo .... tu mamá?

6. Ella .... perfectamente, pero .... preocupada.

7. Comprendo por qué (ella) .... preocupada. ¿Tus hermanos .... en casa ahora? Quiero hablar con ellos.

8. Federico .... , pero Jaime .... en el supermercado. Trabaja allí. Y tú, ¿cómo .... ?

9. Bueno, yo trabajo mucho y .... cansada. Pero la familia .... bien y yo .... contenta con mis clases.

ESTRUCTURA 2

B. Rewrite each of the following sentences using the noun in the cue and making all necessary changes.

Modelo: La chica está contenta.   (el enfermero)
   →El enfermero está contento.

1. La oficina está abierta.   (estos hoteles)

   ....

2. Estos muchachos están aburridos.   (la arquitecta)

   ....

3. El tío está nervioso. (las profesoras)

　　..

4. Esas escuelas están cerradas. (la universidad)

　　..

5. Los abuelos están enojados. (esta dentista)

　　..

6. Aquella mujer está mejor. (esas personas)

　　..

C. Rewrite each of the following sentences substituting the cue word in parentheses and making all necessary changes.

   Modelo: Mi amigo está en casa. (papás)
   　　　　→Mis papás están en casa.

1. Su mamá está ocupada. (hijos)

　　..

2. Mis primos acaban de llegar. (abuela)

　　..

3. Nuestra tienda está cerrada. (cafés)

　　..

4. Tengo que hablar con mis hijos. (tío)

　　..

5. ¿Tus hermanos tienen un poco de gripe? (profesora)

　　..

6. Necesitamos esa medicina. (pastillas)

　　..

7. Su familia está bien. (hermanos)

　　..

ESTRUCTURA 3

D. Translate the following sentences into Spanish. Pay special attention to the form of the demonstrative adjectives.

1. This store is open but those supermarkets (over there) are closed.

　　..

2. Those streets are far away, but this square is nearby.

   ....

3. In that café (near you) they sell ice cream, but this restaurant has only fruit and cheese.

   ....

4. That professor (*fem.*, near you) teaches well, but these professors (*masc.*) teach badly.

   ....

ESTRUCTURA 4

E. Add the correct form of the definite article, where required, in the following dialogue between two business associates.

1. —Buenas tardes, ... señor Vargas. ¿Cómo está Ud.?

2. —Muy bien, ... señor Madero, ¿y Ud.?

3. —Perfectamente, gracias. ¿Cómo está ...... señora Vargas?

4. —Bien, gracias. ¿Quiere Ud. hablar con ...... señorita Hernández ahora?

5. —Sí. ¿Está en su oficina?

   —No, lo siento. Debe estar con ...... doctor Castro.

6. —No tengo más tiempo ahora. Necesito hablar con ...... señora Villa también.

7. —Ah, ... señorita Hernández llega ahora. Aquí está.

8. —Buenas tardes, ... señorita Hernández.

ESTRUCTURA 5

F. Tell the things people have to do by answering the following questions in the affirmative. Use the correct form of **tener que** + *infinitive* in your response.

Modelo: —¿Trabajas todos los sábados?
—Sí, tengo que trabajar todos los sábados.

1. ¿Tomas esta medicina?

   ....

2. ¿Leen Uds. estos libros?

   ....

3. ¿Tu papá descansa hoy?

   ....

4. ¿Trabajas en la librería?

   ....

G. Everything your friend thinks is going to happen has just happened. Tell her so using the correct form of **acabar de** + *infinitive* in your response.

Modelo: —¿Tu hermano va a tomar un té?
—Acaba de tomar un té.

1. ¿Tus primos van a llegar?

   ....

2. ¿Vas a hablar con el ingeniero?

   ....

3. ¿Uds. van a ir al supermercado?

   ....

4. ¿Tu hermana va a escribir su composición?

   ....

TRADUCCIÓN

H. Translate the following sentences into Spanish. They will form a connected paragraph.

1. My whole family is sick.

   ....

2. My brother and sister have a touch of the flu.

   ....

3. They're going to rest today.

   ....

4. Our father has an infection.

   ....

5. Unfortunately, he has to work.

   ....

6. Our mother takes aspirin all day because she isn't well.

   ....

   ....

7. She's worried because our father is sick.

   ....

8. I have an infection. I have just taken an antibiotic.

   ....

Name.. Section............................. Date..........................

COMPOSICIÓN

I. Develop the lead statement into a paragraph using the following questions as a guide.

¿Está usted mal? ¿Qué tiene? ¿Acaba de hablar con su médico? ¿Qué clases tiene esta semana? ¿Tiene exámenes? ¿Sus profesores van a estar molestos o enojados si Ud. no va a sus clases? ¿Tiene que ir a la farmacia? ¿Qué necesita Ud. tomar para mejorar rápido?

Tengo que descansar en casa algunos días.

Name.. Section............................. Date..........................

Lección 3 LABORATORY WORKSHEET

I. Iniciación

Repeat each phrase or sentence after the speaker.

II. Continuación

Listen to the following dialogue between Juanito Madero and the doctor.

III. Pronunciación

Practice linking vowels and consonants to the following words. Observe carefully the linking signs as you repeat the sentences after the speaker. Notice that two like vowels in succession are pronounced like a single vowel. Notice also that when a word ending in a consonant is followed by a word beginning with a vowel, the final consonant of the first word is pronounced as if it were the first consonant of the second word.

1. ¿Dónde está Ana?
2. Juanito toma antibióticos.
3. Elena aprende español.
4. Estas personas están ocupadas.
5. ¿Cómo estás hoy?
6. José está aburrido.
7. Lupe tiene una infección.
8. Sus hijos están en el hospital.
9. El supermercado está abierto hoy.
10. Mi abuela compra aspirinas.

IV. Structure Drills

A. Demonstrative adjectives

Repeat each of the following sentences after the speaker. Then, when you hear the tone, say it again, changing the singular noun and its accompanying demonstrative adjective to the plural. Be sure to change the verb to the plural if necessary. Repeat the correct response after the speaker's confirmation. Listen to the model.

Speaker: Ese profesor tiene un virus.
Student: Ese profesor tiene un virus.
 (*tone*)
 Esos profesores tienen un virus.

Speaker: Esos profesores tienen un virus.
Student: Esos profesores tienen un virus.

B. Possessive adjectives

Repeat each of the following sentences after the speaker. Then, when you hear the tone, say it again, changing the singular noun and its accompanying possessive adjective to the plural. Be sure to change the verb to the plural if necessary. Repeat each correct response after the speaker's confirmation. Listen to the model.

Speaker: Mi hermano está en casa.
Student: Mi hermano está en casa.
 (*tone*)
 Mis hermanos están en casa.

Speaker: Mis hermanos están en casa.
Student: Mis hermanos están en casa.

C. Verb + connector + infinitive: **acabar de**

Answer each of the speaker's questions using the construction **acabar de** plus infinitive. Repeat each correct response after the speaker's confirmation. Listen to the model.

Speaker: ¿Necesitas descansar?
Student: No, acabo de descansar.
Speaker: No, acabo de descansar.
Student: No, acabo de descansar.

V. Listening Activities

A. Listening comprehension

You will hear six questions or statements followed by three suggested responses. Circle the letter of the correct response. Each item will be read twice.

1. a b c   3. a b c   5. a b c
2. a b c   4. a b c   6. a b c

B. Multiple choice comprehension check

You will hear a paragraph read twice. After the second reading the speaker will ask you six questions, each followed by three possible responses. Based on the content of the paragraph, circle the letter of the correct response.

1. a b c   3. a b c   5. a b c
2. a b c   4. a b c   6. a b c

C. Answering questions

You will hear a paragraph read twice. Listen to it carefully. After the second reading answer the questions that appear on your worksheet, based on the content of the paragraph.

1. ¿Cuáles son los problemas de la familia Martínez?

   ....

2. ¿Cuántas personas hay en la familia?

   ....

3. ¿Por qué no están tristes los señores Martínez?

   ....

4. ¿Por qué no va Carlos a la universidad hoy?

   ....

5. ¿Qué estudia Carlos?

   ....

6. ¿Por qué está Carlos preocupado?

   ....

Name... Section............................. Date............................

Lección 3 PUNTOS DE VISTA

Dental hygiene

The stickers you see below were printed by the Department of Public Health of the Spanish government. After reading them and studying the new vocabulary, answer the questions that follow.

Vocabulario

PALABRAS AFINES

el **león**

OTRAS PALABRAS

la **boca**   mouth
   cepillarse   to brush

me los cepillo   I brush them (teeth)
el **cepillo de dientes**   toothbrush
   comer   to eat   (**la comida**)
el **diente**   tooth
los **dulces**   candy

1. Why would the Spanish government undertake such a dental campaign?

   ....

2. Who do you think this format is designed to appeal to?

   ....

3. What are the two points of dental hygiene illustrated in these stickers?

   ....

4. ¿Tú comes dulces?

   ....

5. ¿Cuántas veces (*times*) te cepillas los dientes al día?   (Me los cepillo…)

   ....

How does this package of dental floss purchased in a **farmacia** in Spain compare with the one you use? Study the accompanying vocabulary items as you read over the package and then answer the questions that follow.

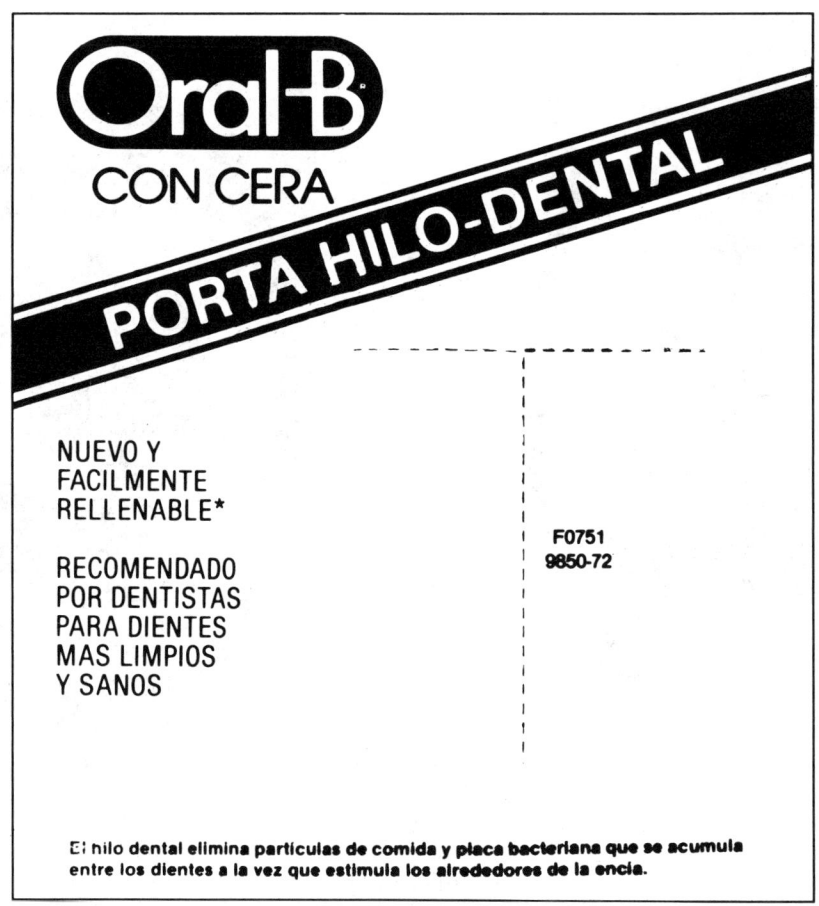

Vocabulario

PALABRAS AFINES
- **acumularse**
- **dental**
- **eliminar**
- **estimular**
- la **partícula**
- la **placa**
- **recomendado**

OTRAS PALABRAS
- **a la vez**   at the same time
- los **alrededores**   the surrounding areas
- **bacteriano**   bacterial

- la **cera**   wax
- el **diente**   tooth
- la **encía**   gum
- **entre**   between
- **fácilmente**   easily
- el **hilo**   floss (*literally,* string)
- **limpio**   clean
- **más**   more
- **nuevo**   new
- **por**   by
- **para**   for
- **rellenable**   refillable
- **sano**   healthy

Name.. Section............................ Date.........................

1. ¿Por quiénes es recomendado el hilo dental?

   ....

2. ¿Para qué es recomendado el hilo dental?

   ....

3. ¿Qué elimina el hilo dental?

   ....

4. ¿Qué se acumula entre los dientes?

   ....

5. ¿Qué estimula el hilo dental?

   ....

6. ¿Ud. usa el hilo dental? ¿Por qué?

   ....

7. ¿Usa el hilo dental con cera o sin (*without*) cera?

   ....

8. ¿Cuándo usa el hilo dental?

   ....

9. ¿Tiene Ud. **los dientes sanos?** (las encías sanas)

   ....

LECCIÓN 4

WORKBOOK EXERCISES

ESTRUCTURA 1

A. Complete the following short dialogues about ethnic backgrounds, nationality, and physical characteristics by filling in the correct forms of **ser**.

1. —¿De dónde .... (Ud.)? —Yo............ de Cuba. Mi novia............ cubana también.

   —Yo .... de España. Mis papás............ españoles, pero viven en los Estados Unidos.

2. —¿Uds. .... de Europa? —Yo .... irlandesa, pero mi esposo............

   norteamericano.

   —¿De qué nacionalidad .... sus hijos? —Nuestros hijos .... norteamericanos.

3. —¿Tus primos............ puertorriqueños? —Sí, viven en Puerto Rico, pero............ de origen

   ruso. —¿Cómo............ ellos? —Bueno, Fernando .... pequeño, moreno y guapo. Marta

   .... pequeña también, rubia y muy bonita. ¿Y cómo............ sus hijos? —............

   morenos como su papá y muy guapos.

4. —¿De qué nacionalidad............(tú)? —Yo .... venezolano. Y tú, ¿de dónde............?

   —Yo .... chilena. Mi familia............ de origen alemán. Mis abuelos............ de

   Alemania también.

ESTRUCTURA 2

B. Complete each of the following sentences by translating the phrases expressing possession into Spanish.

1. .... es grande.
   (*the lawyer's office*)

2. .... está allí.
   (*Dr. Franco's hospital*)

3. .... es vieja.
   (*my neighbor's mother*)

4. .... es mexicano.
    (*her friend's boyfriend*)

5. .... son rubios.
    (*Mr. and Mrs. Reyes' children*)

ESTRUCTURA 3

C. Supply the correct form of **ser** or **estar** in this paragraph about Leonor Camacho and her family.

Mis papás, mis hermanos y yo .... argentinos. Mis papás .... de origen francés. Hablamos español y francés en casa. Mi hermano mayor, Pedro, ... casado con una brasileña. Él .... ingeniero. Los papás de ella .... en Argentina ahora. Mi hermano habla portugués con ellos. Mis hermanos menores .... estudiantes como yo. Juan quiere .... dentista como mi papá. Elvira estudia para profesor de sicología. Nosotros .... contentos en la universidad, pero siempre .... tan ocupados con los exámenes. Yo estudio todos los días con mi novio, Rafael. Él .... estudiante de medicina y estudia como un loco. Rafael .... de origen español. Él .... delgado, moreno y muy guapo. Sus papás .... en España todavía.

ESTRUCTURA 4

D. Supply the correct form of the adjective of nationality or the name of the country in the following sentences.

Modelo: Soy de Cuba.
→Soy ......*cubana*...... .

1. Esos hombres son de España. Son ....

2. El novio de mi amiga es de Inglaterra. Es ....

3. Mi tía es de .... Es venezolana.

4. Los médicos son de Estados Unidos. Son ....

5. Nuestras primas son de Francia. Son ....

6. El doctor Leary es de .... Es irlandés.

7. Joaquín y yo somos de .... Somos brasileños.

8. Eres de .... Eres alemán.

Name.. Section............................. Date............................

ESTRUCTURA 5

E. Rearrange each string of elements into a phrase. Be careful to use the correct form of each adjective and to place the adjectives in their correct position in relation to the noun.

   Modelo: amigos / tres / europeo → tres amigos europeos

   1. señora / hondureño / aquel

      ....

   2. primos / alguno / mexicano

      ....

   3. clase / un / aburrido

      ....

   4. tía / gordo / nuestro

      ....

   5. ojos / tu / castaño

      ....

   6. hermana / menor / su

      ....

   7. pelo / rubio / tanto

      ....

   8. personas / poco / deprimido

      ....

TRADUCCIÓN

F. Translate the following sentences about Teresa García into Spanish. They will form a connected paragraph.

   1. I'm from the United States.

      ....

   2. I'm in Venezuela now because I'm studying at the university.

      ....

   3. My family is Spanish-speaking.

      ....

4. My father is of Spanish background.

   ....

5. My mother is from Cuba.

   ....

6. I live with a Venezuelan family.

   ....

7. I'm very happy here.

   ....

8. I have many friends and a Venezuelan boyfriend.

   ....

9. Manolo is tall, dark, and handsome.

   ....

10. I'm always busy with my courses and with Manolo. I'm not bored!

    ....

    ....

COMPOSICIÓN

G. Write a paragraph in Spanish describing someone you know. State whether he or she is a relative or friend. Also tell where that person is from, where he lives now, what his background is, what language(s) he speaks, if he is married, what he looks like, etc.

....

....

....

....

....

....

....

....

Name.. Section............................ Date............................

Lección 4 LABORATORY WORKSHEET

I. Iniciación

Repeat each phrase or sentence after the speaker.

II. Continuación

Listen to the following descriptions of the people whose photographs appear in Lección 4 of your textbook.

III. Pronunciación

A. *Unstressed vowels*

Repeat the following sentences after the speaker in the pauses provided. Be sure to pronounce the unstressed vowels as clearly as the stressed vowels and to make all syllables the same length.

1. Vivimos en Colombia.
2. Miguel está de vacaciones.
3. Tengo los ojos azules.
4. Mi esposa es de origen español.
5. ¿De dónde es Ud.?
6. Mis vecinos son simpáticos.
7. La comunidad hispana es grande.
8. Ana está casada con un cubano.
9. Nuestros amigos están en Inglaterra.
10. ¿Cómo son tus parientes?

B. *Vowel contrasts*

Repeat each pair of words after the speaker. Be careful to distinguish masculine forms from feminine forms by pronouncing clearly the final syllable of each word. Notice that these final syllables are unstressed.

1. Españoles. Españolas.
2. Ingleses. Inglesas.
3. Encantadoras. Encantadores.
4. Venezolanos. Venezolanas.
5. Pequeñas. Pequeños.
6. Portugueses. Portuguesas.
7. Equivocados. Equivocadas.
8. Señoras. Señores.
9. Irlandeses. Irlandesas.
10. Bonitos. Bonitas.

IV. Structure Drills

A. *The verb* ser

Repeat each of the following sentences after the speaker. Then, say it again, changing the verb to agree with each cue that you hear. Repeat each correct answer after the speaker's confirmation. Listen to the model.

Speaker: Son de Chile.
Student: Son de Chile.
Speaker: Ella
Student: Es de Chile.
Speaker: Es de Chile.
Student: Es de Chile.

B. Adjectives of nationality

Listen to each of the sentences that the speaker says. Then change the subject to the corresponding feminine form and make all necessary changes. Repeat each correct response after the speaker's confirmation. Listen to the model.

Speaker: El chico es chileno.
Student: La chica es chilena.
Speaker: La chica es chilena.
Student: La chica es chilena.

C. Adjectives

Listen to each of the sentences that the speaker says. Then change the subject of each sentence to the plural and make all necessary changes. Repeat each correct response after the speaker's confirmation. Listen to the model.

Speaker: La señora es alta.
Student: Las señoras son altas.
Speaker: Las señoras son altas.
Student: Las señoras son altas.

V. Listening Activities

A. Listening comprehension

You will hear five questions or statements followed by three suggested responses. Circle the letter of the correct response. Each item will be read twice.

1. a b c   3. a b c   5. a b c
2. a b c   4. a b c

B. Multiple choice comprehension check

You will hear a paragraph read twice. After the second reading the speaker will ask you five questions, each followed by three possible responses. Based on the content of the paragraph, circle the letter of the correct response.

1. a b c   3. a b c   5. a b c
2. a b c   4. a b c

C. True/false

You will hear a paragraph read twice. After the second reading the speaker will read a series of five statements, twice each. Based on the content of the paragraph, indicate on your worksheet whether each statement is true or false.

1. T F   2. T F   3. T F   4. T F   5. T F

Lección 4 PUNTOS DE VISTA

The Family Album

Use your imagination to provide information about the Spanish-speaking people you see in the following drawings.

La familia García Gómez

1. ¿Quiénes son ellos?

   ....

2. ¿De dónde son?

   ....

3. ¿De qué origen son?

   ....

4. ¿Qué idioma hablan?

   ....

1. ¿Quién es ella?

   ....

2. ¿Cómo es?

   ....

3. ¿Dónde vive?

   ....

1. ¿Quiénes son estos señores?
   ....
2. ¿De qué nacionalidad son?
   ....
3. ¿Cómo son?
   ....

The Family Album

Complete the following photo-essays by providing appropriate information.

María Teresa está .... con Juan Carlos. Los Suárez son .... (nacionalidad). Viven en .... María Teresa es de origen .... y Juan Carlos es de origen .... Juan Carlos es .... y tiene el pelo .... María Teresa es .... y tiene los ojos .... Los dos son muy .... Ella es .... (profesión) y él es .... (profesión). No tienen .... todavía.

María Eugenia es la .... de María Teresa Suárez. Está .... con Roberto Leal. Roberto es de .... Es de origen .... , y tiene parientes en .... María Eugenia y Roberto viven en .... Hablan .... María Eugenia es .... , de ojos .... y pelo .... Roberto es .... , de ojos .... y pelo .... Ella y él son .... (profesión). Tienen tres .... muy ....

Name... Section............................. Date........................

LECCIÓN 5

WORKBOOK EXERCISES

ESTRUCTURA 1

A. Rewrite each sentence changing the verb according to each new subject.

   Modelo: ¿Piensa Ud. trabajar hoy? (tú)
   →¿Piensas trabajar hoy?

   1. Pienso comprar un suéter.

      (ellos) ....

      (tú) ....

      (nosotros) ....

      (Ud.) ....

   2. No podemos encontrar el almacén.

      (Uds.) ....

      (él) ....

      (tú y yo) ....

      (tú) ....

   3. ¿Qué color prefieren?

      (ella) ....

      (los clientes) ....

      (Ud.) ....

      (tú) ....

   4. Encuentras muchas gangas allí.

      (yo) ....

      (ellas) ....

      (Enrique) ....

      (Ud. y yo) ....

41

ESTRUCTURA 2

B. Complete each of the following sentences by adding the personal **a** where necessary. You will form a paragraph about a shopping trip to a department store. Remember that **a** + **el** contract to **al**.

Quiero comprar un regalo para mi mamá.

1. Busco .... el regalo en el Bazar Bolívar.

2. Llevo .... mi amiga Amelia porque no conozco bien .... el almacén.

3. Encontramos .... la sección de vestidos.

4. Vemos .... algunas dependientas en esta sección. Dos de ellas están ocupadas con otras clientes.

5. Amelia llama .... otra dependienta.

6. Vemos .... dos vestidos hermosos. Son de lana inglesa.

7. Compro el vestido amarillo, porque mamá siempre lleva .... ropa de color claro.

8. Acompaño .... Amelia a su casa.

9. Llego a mi casa con el regalo. No veo .... mamá. ¡Qué bueno!

ESTRUCTURA 3

C. Complete the following short dialogues by supplying the correct forms of either **saber** or **conocer**.

1. —¿Tú .... a mi amigo Carlos? —No, yo no lo .... , pero (yo) .... quién es. —¿Cómo .... (tú) quién es? —Es que (yo) .... bien a su hermana Linda.

2. —¿Ud. .... si venden ropa buena en este almacén? —Lo siento. Yo no .... Es que (yo) no .... bien la tienda —¿Ud. .... bien otro almacén? —(Yo) .... el Bazar Bolívar. (Yo) .... que venden ropa buena, pero cara allí. —Yo lo .... también. Y (yo) .... que los precios son altos. Pero quiero comprar ropa de buena calidad.

Name.. Section............................ Date..........................

ESTRUCTURA 4

D. Answer each of the following questions in the affirmative, changing the direct object noun to a pronoun.

   Modelo: ¿Compran Uds. los guantes?
   →Sí, los compramos.

   1. ¿Llevas a las niñas al colegio?

   ....

   2. ¿Conoce Ud. al señor Villa?

   ....

   3. ¿Tengo que visitar a sus hijos?

   ....

   4. ¿Los Pereda quieren vender esa ropa?

   ....

   5. ¿Ven Uds. a las mujeres francesas?

   ....

   6. ¿Encuentras los zapatos de Rafael?

   ....

   7. ¿Debo acompañar a tu novia?

   ....

ESTRUCTURA 5

E. Using an appropriate interrogative word, make a question from each of the following statements. All the statements are related to shopping in a department store. More than one response may be possible in some cases.

   Modelo: Hay veintidós secciones en este almacén.
   →¿Cuántas secciones hay en este almacén?

   1. Ochenta y tres dependientes trabajan en el almacén.

   ....

   2. Venden ropa buena y no muy cara.

   ....

3. El almacén está en Caracas.

   ....

4. El almacén es muy grande y hermoso.

   ....

5. Toda la familia Díaz compra ropa en este almacén.

   ....

6. Compran ropa allí porque no tienen que pagar mucho.

   ....

7. Los precios no son demasiado altos.

   ....

TRADUCCIÓN

F. Translate into Spanish the following dialogue between Juana, who is shopping for a jacket, and her friend, Amelia.

   1. *Juana:* —Gosh, I don't know which jacket to buy.
   2. *Amelia:* —This jacket is made of cotton and only costs 95 dollars.
   3. *Juana:* —But the other jacket is so beautiful.
   4. *Amelia:* —I know you, Juana. You prefer the color green.
   5. *Juana:* —Of course. And I prefer this style, too.
   6. *Amelia:* —You can wear it with gray pants.
   7. *Juana:* —Unfortunately, I don't have gray pants. Now I have to buy them, too.
   8. *Amelia:* —What a bargain!

   1. *Juana:* ....

   2. *Amelia:* ....

      ....

   3. *Juana:* ....

   4. *Amelia:* ....

   5. *Juana:* ....

   6. *Amelia:* ....

   7. *Juana:* ....

      ....

   8. *Amelia:* ....

Name.. Section............................. Date...........................

COMPOSICIÓN

G. Develop the lead statement into a paragraph using the following questions as a guide.

¿Dónde lo piensa buscar? ¿Prefiere comprarlo en un almacén o en una tienda pequeña? ¿Por qué? ¿Cuánto debe costar el abrigo? ¿Qué color quiere? ¿Con qué ropa lleva el abrigo? ¿Va a encontrar una ganga? ¿Un amigo lo (la) acompaña al almacén?

Tengo que comprar un abrigo.

Name.. Section............................ Date............................

Lección 5 LABORATORY WORKSHEET

I. Iniciación

Repeat each phrase or sentence after the speaker.

II. Continuación

Listen to the following dialogue.

III. Pronunciación

A. Practice the hard Spanish **d** sound. It is represented by **d** after a pause or after **l** and **n** in Spanish spelling. Repeat each item after the speaker in the pause provided.

de	Deben trabajar.
diez	Es mi tienda.
dólares	Quiero venderlo.
el día	Es el doctor Suárez.
donde	Aprendes mucho.
el dependiente	Son de Irlanda.

B. Now practice the soft variant of Spanish **d,** a sound that is similar to the *th* in English *rather*. This sound is also represented by the letter **d** in Spanish spelling when the **d** appears in any position except after a pause, after **l** or after **n**. Repeat each item after the speaker in the pause provided.

cansado	sábado
ustedes	ocupado
médico	adiós
un vestido verde	esta tarde
Estudia diez materias.	No descanso.
Tú debes estudiar.	Es la doctora Díaz.
Puede comprarlo.	No puedo ir hoy.
Hay veintidós.	¿Podemos verlo?

IV. Structure Drills

A. *Stem changing verbs* (e → ie, o → ue)

Repeat each of the following sentences after the speaker. Then, say it again, changing the verb to agree with each cue that you hear. Repeat each correct answer after the speaker's confirmation. Listen to the model.

Speaker: Quiero leer.
Student: Quiero leer.
Speaker: Tú
Student: Quieres leer.
Speaker: Quieres leer.
Student: Quieres leer.

B. Direct object pronouns

Repeat each of the following statements after the speaker. Then, when you hear a question word, turn the sentence into a question using that interrogative. Replace the direct object noun of the original sentence by a direct object pronoun in your question. Repeat each correct response after the speaker's confirmation. Listen to the model.

Speaker: Compro la casa.
Student: Compro la casa.
Speaker: ¿Cuándo?
Student: ¿Cuándo la compras?
Speaker: ¿Cuándo la compras?
Student: ¿Cuándo la compras?

C. Question formation

Listen to each statement that you hear. After you hear it, turn it into a question. Repeat the correct answer after the speaker. Repeat each correct response after the speaker's confirmation. Listen to the model.

Speaker: El traje es rojo.
Student: ¿Es rojo el traje?
Speaker: ¿Es rojo el traje?
Student: ¿Es rojo el traje?

V. Listening Activities

A. Listening comprehension

You will hear five questions or statements followed by three suggested responses. Circle the letter of the correct response. Each item will be read twice.

1. a b c   3. a b c   5. a b c
2. a b c   4. a b c

B. Multiple choice comprehension check

You will hear a paragraph read twice. After the second reading the speaker will ask you five questions based on the content of the paragraph. For each question there are three possible responses on your laboratory worksheet. Read the choices during the pauses provided and circle the letter of the correct answer.

1. a. A su prima Teresa.
   b. A la señora Pereda.
   c. Al Bazar Bolívar.
2. a. Teresa lo conoce, pero no sabe dónde está.
   b. Francisca sí, pero Teresa no.
   c. Francisca sólo sabe que es bueno.
3. a. Es grande y sólo vende ropa cara.
   b. Es grande y tiene varias secciones de ropa.
   c. Es grande pero tiene pocos dependientes.
4. a. Hay ropa cara y barata.
   b. Sólo venden ropa barata.
   c. No hay gangas allí.
5. a. Una falda para su hermana.
   b. Unas rebajas muy buenas.
   c. Un vestido y unos zapatos.

Name.. Section.............................. Date............................

C. Answering questions.

You will hear a paragraph read twice. Listen to it carefully. After the second reading answer the questions based on it.

1. ¿Quiénes trabajan en el almacén Villa?

   ....

2. ¿Cómo es el almacén Villa?

   ....

3. ¿Por qué están contentos los clientes?

   ....

4. ¿Por qué son amables todos los dependientes?

   ....

5. ¿Dónde trabaja Antonio Villa?

   ....

Name.. Section............................ Date............................

Lección 5 PUNTOS DE VISTA

Shopping

The following ad for a well known department store in Spain, El Corte Inglés, appeared in the newspaper *El País*. Read the ad and study the accompanying vocabulary. Then answer the questions that follow. Note that at this writing there are 165 pesetas to the U.S. dollar.

Vocabulario

PALABRAS AFINES

auténtico
el contraste
el departamento
especial
el polo
sport

OTRAS PALABRAS

el **ascensor**   elevator
calado   open-work, lace
la **calidad: de gran calidad**   of excellent quality
la **camiseta**   undershirt, short-sleeved shirt
el **conjunto**   ensemble
corto   short
la **chaqueta**   saco
desde   from
doble   double
equipe (equipar)   outfit (*command*)
la **escalera mecánica**   escalator
estampado   printed
la **fantasía**   prints (*literally,* imagination)
el **fin: fin de mes**   end of the month
el (la) **joven**   young person
la **manga**   sleeve
el **niky**   (*Spain*) short-sleeved sport shirt[1]
la **oferta**   offer
la **oportunidad**   la ganga
la **pieza**   piece
la **prenda**   article of clothing
punto: de punto   knitted, mesh
la **raya**   stripe
suba (subir)   go up, come up (*command*)
la **talla**   size
el **verano**   summer

1. ¿Cuándo hay oportunidades en El Corte Inglés?

   ....

2. Según (*according to*) el anuncio (*ad*), ¿a quiénes puedes equipar?

   ....

3. ¿Cómo es la ropa que venden?

   ....

4. ¿Cómo son los precios?

   ....

5. ¿Qué venden para la mujer?

   ....

6. ¿De qué son los vestidos?

   ....

7. ¿Es mejor comprar una o dos camisas de sport de manga corta para el hombre? ¿Por qué?

   ....
   ....

8. ¿Qué puedes comprar para los jóvenes?

   ....

---

[1] **El pulóver** is used in several Hispanic countries.

Name.. Section............................ Date.........................

9. ¿Cómo son las camisetas para los niños?

   ....

10. ¿Cómo suben los clientes en el anuncio?

    ....

Name... Section........................... Date........................

LECCIÓN 6

WORKBOOK EXERCISES

ESTRUCTURAS 1, 2

A. Answer each of the following questions using the cue in parentheses.

Modelo: —¿Cuándo van Uds. a Puerto Rico? (la semana que viene)
—Vamos a Puerto Rico la semana que viene.

1. ¿De dónde vienes? (la oficina de empleos)

   ....

2. ¿Qué les da Ud.? (el dinero)

   ....

3. ¿Qué me dicen Uds.? (los precios)

   ....

4. ¿Qué oye Ud.? (mucho ruido)

   ....

5. ¿Cuándo sirven Uds. el café? (por la tarde)

   ....

6. ¿Qué les pedimos? (ese periódico)

   ....

7. ¿Qué consiguen Uds.? (un buen empleo)

   ....

8. ¿Cuándo me dices dónde trabajas? (mañana)

   ....

9. ¿Qué oímos Juan y yo? (la verdad)

   ....

10. ¿Qué sirves? (té y galletas)

    ....

ESTRUCTURA 3

B. Answer each of the following questions using the cue in parentheses.

Modelo: ¿Para quién es la pluma? (ella)
→Es para ella.

1. ¿Para quiénes es el regalo? (Uds.)

   ....

2. ¿Con quién debemos ir al Barrio? (yo)

   ....

3. ¿De quién son estos informes? (Ud.)

   ....

4. ¿Para quién compras el periódico? (ella)

   ....

5. ¿Para quiénes es esta revista? (nosotros)

   ....

6. ¿Con quién vas a venir? (tú)

   ....

ESTRUCTURA 4

C. Rewrite the following sentences, using the cues in parentheses.

Modelo: Les enseño el periódico. (a ella)
→Le enseño el periódico.

1. Me dan los lápices.

   (a ti) ....

   (a ellas) ....

   (a mí) ....

   (a él) ....

   (a Uds.) ....

2. Les paga el dinero.

   (a Ud.) ....

   (a mí) ....

Name.. Section............................ Date............................

    (a ellos) ....

    (a nosotros) ....

    (a ti) ....

D. Rewrite each sentence making the change indicated in the English cue.

    Modelo: Va a pedirle el empleo.   *He's going to ask her for the job.*

                Va a pedirme el empleo.   *He's going to ask me for the job.*

1. Van a servirme el café.   *They're going to serve me coffee.*

   ....   *They're going to serve us coffee.*

2. Le quiero decir dónde están.   *I want to tell her where they are.*

   ....   *I want to tell you (**a ti**) where they are.*

3. ¿Me piensas vender esos libros?   *Do you intend to sell me those books?*

   ....   *Do you intend to sell him those books?*

4. Debe hablarnos ahora.   *She should speak to us now.*

   ....   *She should speak to you (**a Uds.**) now.*

5. Les enseñamos los trajes.   *We'll show them the suits.*

   ....   *We'll show you (**a Ud.**) the suits.*

6. Te piden cinco dólares.   *They're asking you for five dollars.*

   ....   *They're asking him for five dollars.*

7. Le da un regalo.   *She's giving her a gift.*

   ....   *She's giving me a gift.*

ESTRUCTURA 5

E. Tell how you feel about certain things by selecting one of the reverse construction verbs for each of the following items.

    encantar, faltar, gustar, importar mucho / poco
    interesar, parecer bien / mal, quedar

    Modelos: Me gustan los libros.

                Me encanta leer.

1. .... la vida.

2. .... las matemáticas.

3. .... tiempo para terminar el informe.

4. .... conocer otros países.

5. .... la experiencia.

6. .... visitar a mis papás.

7. .... el dinero.

8. .... los médicos.

9. .... hablar español.

10. .... los colores oscuros.

TRADUCCIÓN

F. Translate into Spanish the following story about looking for a job.

1. I'm going to finish my classes in the university in June.

   ....

2. In September I'll begin to study law.

   ....

3. I'm going to work in July and August.

   ....

4. I intend to go to the employment office.

   ....

5. I can also read the employment ads in the newspaper.

   ....

6. I prefer to work as a cashier in a restaurant or in a hotel.

   ....

7. And I don't mind if I have to work on weekends.

   ....

8. I'm only interested in earning money.

   ....

Name.. Section............................ Date.........................

COMPOSICIÓN

G. Develop the lead statement into a paragraph using the following questions as a guide.

¿Dónde vas a trabajar? ¿Cómo es el empleo? ¿Te va a gustar el trabajo? ¿Qué te parece el sueldo? ¿Cómo son los jefes? ¿Cuántos empleados hay? ¿Piensas seguir con tus clases en la universidad?

Mi trabajo empieza en octubre.

Name.. Section........................ Date...................

Lección 6 LABORATORY WORKSHEET

I. Iniciación

Repeat each sentence after the speaker.

II. Continuación

Listen to the following dialogue.

III. Pronunciación

A. *Spanish b and v.* Spanish **b** and **v** represent the same sound, but the sound has two variants: a hard variant and a soft variant. The letters **b** and **v** represent the hard variant, a sound very much like the *b* in English *boy*, when they appear after a pause or after **n** or **m.** Practice the hard variant by repeating each of the following items after the speaker in the pauses provided.

bien	bueno
bastante	bonito
varios	viejo
verde	Ramón Vargas
Carmen Villa	En Brasil
en Venezuela	un vecino
Venden vestidos.	Vengo mañana.
¿A quién ves?	Están bien.

B. The Spanish letters **b** and **v** both represent the soft variant in all other positions, that is, when they occur not after a pause and not after **m** or **n.** The soft variant is a sound that doesn't exist in English. It is made by setting the lips together as for English *b* and forcing air out between them. In the following items, the letters **b** and **v** represent the soft variant. Repeat each word, phrase or sentence after the speaker in the pauses provided.

novio	la revista
cubano	Pablo
la verdad	la universidad
la biblioteca	la vida
una blusa verde	el vestido blanco
Yo vivo aquí.	No vende vestidos.
Está bien.	¿No ves el banco?
¿Adónde va?	Trabajo en febrero.

IV. Structure Drills

A. *Irregular verbs* **dar, decir, oír, venir** *and stem-changing verbs* e → i

Answer each of the following questions in the negative, incorporating in your answer the cue that you hear. Repeat each correct answer after the speaker's confirmation. Listen to the model.

Speaker: ¿Cuándo vienen ustedes? ¿Mañana?
Student: No, no venimos mañana.
Speaker: No, no venimos mañana.
Student: No, no venimos mañana.

B. *Reverse construction verbs*

Repeat each Spanish sentence after the speaker. The speaker will then read an English sentence based on the initial Spanish sentence. Translate the English sentence into Spanish. Repeat each correct response after the speaker's confirmation. Listen to the model.

Speaker: Le gusta la camisa.
Student: Le gusta la camisa.
Speaker: She likes the shoes.
Student: Le gustan los zapatos.
Speaker: Le gustan los zapatos.
Student: Le gustan los zapatos.

V. Listening Activities

A. *Listening comprehension*

You will hear five questions or statements followed by three suggested responses. Circle the letter of the correct response. Each item will be read twice.

1. a b c   3. a b c   5. a b c
2. a b c   4. a b c

B. *True/false*

You will hear a paragraph read twice. After the second reading the speaker will read five statements, twice each. Based on the content of the paragraph, indicate on your worksheet whether each statement is true or false.

1. T F   2. T F   3. T F   4. T F   5. T F

C. *Multiple choice comprehension check*

You will hear a paragraph read twice. After the second reading the speaker will ask you five questions, each followed by three possible responses. Based on the content of the paragraph, circle the letter of the correct answer.

1. a. Vienen de todos los países de Hispanoamérica.
   b. La mayor parte de ellos son españoles.
   c. Son de Colombia.
2. a. Les interesa trabajar en las fábricas.
   b. Creen que pueden vivir mejor allí.
   c. Quieren conocer los Estados Unidos.
3. a. Es moza en un café.
   b. Vende vestidos en una tienda.
   c. Trabaja en una fábrica.
4. a. Lo encuentra en su fábrica.
   b. Va a la oficina de empleos.
   c. En él puede leer los anuncios.
5. a. No le gusta la oficina de empleos.
   b. Busca trabajo y no lo encuentra.
   c. No le interesa trabajar en un hotel o en un supermercado.

Name... Section....................... Date...................

Lección 6 PUNTOS DE VISTA

Looking for a Job

The following ads are taken from *El Diario / La Prensa*, the Spanish language daily newspaper published in New York City. After reading through these work opportunities and studying the accompanying vocabulary, answer the questions based on the content of the ads.

el diario / la prensa

clasificados

Para poner un anuncio
clasificado llame
741-5073

003 Hombres/Mujeres

CAMARERAS
CON EXPERIENCIA. BUEN SALARIO BUENAS PROPINAS. LLAMAR AL TELEFONO 876-4300

CARNICERO
CON EXPERIENCIA. INGLES NO ES NECESARIO. LLAMAR SR. ROSA (212) 534-7350

CARPINTEROS
Se necesitan carpinteros con exp. en construir muebles. Cerca del tren. Pindos Inc. Tel. (212)691-1247

HOJALATERO
TRABAJAR EN TALLER DE CARROS NUEVOS. BUEN PAGO Y BUENOS BENEFICIOS. (718)381-3102

OPERARIAS/OS
EXPERIENCIA 3-5 ANOS. 1 ó 2 AGUJAS. LLAMAR AL TELEFONO: 497-4367

OPERARIAS/OS EXPERIENCIA
En trajes completos finos. Compl. y Semi sección 23-67 Westchester Ave. (Cerega) Bronx New York (212)409-2880

OPERARIAS/OS
Para abrigos y faldas de mujer. Experiencia, También muchacha para el piso. Bellmore New York Long Island (516)783-7901

OPERARIAS/OS
CON EXPERIENCIA EN CUERO. TRABAJO TODO EL ANO. BUENAS CONDICIONES. (212)564-7178.

OPERARIAS/OS CON EXP. POSICION INMEDIATA. PARA TRABAJAR CON ROPA DE CALIDAD. LLAMAR AL TEL. (516)569-4422. DEBE HABLAR INGLES.

Oport. Fantástica
PARA PIZZERO CON EXPERIENCIA. DIA O NOCHE. SOLICITE EN EL 213 WEST 34 ST., NYC.

PANADERO
Experiencia en Donuts & Danish. Tiempo Compl. Capri Bakery. 19 Village Ave. Elmont. NY (516)352-5949

2-PELUQUERA/O
ESPECIALIZADOS EN CORTE DE PELO.
(212) 420-8772

PIANISTA
Para acompañar Solista en Música del ayer. Llamar al telefono:
796-6967

PLANCHADOR/RA
Experiencia en planchar a mano blusas de mujer. Area de Brooklyn
768-7086

Gran Oportunidad
Necesito personas con salario y comisión, para relaciones publicas, que sepan Inglés. Llamar 776-5741.

SASTRE PANTALONERO
Con Exp Se Solicita en:Toyo's Custom Tailoring 71-05 Bergenline Ave. No Bergen NJ Llame (201)869-7252

SECRETARIA EJEC. BILINGUE
Area de Union City N.J. 5 min. de Lincoln Tunnel. Horario 9.30-6PM. Exp. en Mecanografía y Llamar 10-12. 201-865-5400; 201-473-0664. 12-3PM

SECRETARIAS
De Abogados (Inmigración). Gane $500 en comisiones. Llamar al telf. (212)868-2591

Señora o Señorita joven para servicios domésticos y cuidado de niños. Dormir dentro. 5 Dias semanales.Ref.necesarias y un poco de inglés. Llamar 225-3411

Se solicita Señora responsable para quehaceres domésticos, cuidar niños; dormir dentro. Area de Long Island. Llamar hasta las 6 P M 639-5300, después de 6 P.M. 516-627-4050.

VENDEDOR
Para tienda de ropa de caballeros en Manhattan.Tener buena experiencia. LLamar (212) 674-3547.

VENDEDORA MADURA
Experiencia solamente. Para tienda en centro Manhattan. Inglés-Español. Trabajo fijo solamente. Buen salario. 6 dias a la semana 212-244-8558.

Vendedor/a muebles y efectos eléctricos. Bilingue, exp. nec. Trab. fijo, buen salario/comisión. Mueblería Wilmart, 2140 3 Ave NYC. esa 117

ZAPATERO
PARA TALLER REPARACIONES DE ZAPATOS. EXPERIENCIA PREF. 1392 MADISON AVE. NYC. 876-1708

Vocabulario

PALABRAS AFINES

el **área** (*f.*)
los **beneficios**
bilingüe
el **carpintero**
clasificado
la **comisión**
completo
la **condición**
doméstico
eléctrico
especializado
fantástico
fino
inmediato
la **inmigración**
la **música**
necesario
la **oportunidad**
el (la) **pianista**
la **posición**
las **referencias**
las **relacions públicas**
responsable
el **salario**
la **sección**
los **servicios**
el (la) **solista**
el **teléfono**
el **tren**

OTRAS PALABRAS

la **aguja**   needle
ayer   yesterday
el **caballero**   man, gentleman
el **carnicero**   butcher
el **carro**   car
el **centro**   downtown
construir   to build
el **corte de pelo**   haircutting
el **cuidado**   care
después de   after
dormir   to sleep
  dormir dentro   sleep in
los **efectos**   fixtures, appliances
fijo   steady
ganar   to earn
  gane   earn (*command*)
gran (grande)   great (*before sing. noun*)
hasta   until
el **hojalatero**   body shop car mechanic
la **hojalata**   iron or steel plates covered with tin
el **horario**   schedule
llame (llamar)   call (*command*)
maduro   mature
la **mano**   hand
  a mano   by hand
la **mecanografía**   typing
  la **mecanógrafa**   typist
la **mueblería**   furniture store
los **muebles**   furniture
el **pago** = el **sueldo**
el **panadero**   baker
el (la) **peluquero(a)**   hairdresser
el **piso**   floor
el **pizzero**   pizza maker
el (la) **planchador(a)**   presser
planchar   to press, iron
la **prensa**   press (newspaper)
la **propina**   tip
los **quehaceres**   chores
las **reparaciones**   repairs
el **sastre**   tailor
  el **sastre pantalonero**   tailor who makes pants
semanales = **todas las semanas**
sepan (saber, *present subjunctive*)   know
solamente = **sólo**
solicitar: se solicita   you (can) apply
el **taller**   workshop
tiempo completo   full time
el (la) **vendedor(a)**   salesman, saleswoman (**vender**)
el **zapatero**   shoemaker

ABREVIATURAS

compl. = **completo(a)**
ejec. = **ejecutivo**   executive
exp. = **experiencia**
min. = **minuto**
nec. = **necesario**
oport. = **oportunidad**
pref. = **preferido (preferir)**
ref. = **referencias**
tel.
telf.   **teléfono**
trab. = **trabajo**

Note: If a Spanish noun ends in **-ero (-era)** it often means "the person who makes, repairs or sells something." Observe in the ads the positions for **panadero, peluquero, carnicero, camarera,**

carpintero, zapatero, hojalatero, sastre pantalonero. This ending may be added to many nouns to form new words, as you can see in the ad for the **pizzero.** The **-ero** was tacked onto the Italian word **pizza,** thereby creating "the person (*male*) who makes or sells pizza."

Practice using this noun ending by writing in the title of the person who makes or processes the following items or who works where they are made.

1. pasteles ....

2. camisas ....

3. leche ....

4. galletas ....

Now write in the title of the person who owns or manages the following establishments.

5. hotel ....

6. librería ....

What would you call a person who prepares food?

7. cocina (*kitchen*) ....

Another common noun ending in Spanish **-dor(a)** can be added to a noun to form a new word meaning "someone who does something." It is equivalent to the English ending *-er.* Observe the ads for **vendedor(a)** (*seller*) and **planchador(a)** (*presser*).

Practice using this noun ending by answering the following question.

¿Cómo se llama la persona que...?

1. compra ....   4. trabaja ....

2. sirve ....   5. piensa ....

3. paga ....   6. habla .... (*chatterbox*)

Now answer the following questions based on the employment ads at the beginning of this section.

1. ¿Qué requisitos (*requirements*) hay para la secretaria ejecutiva?

   ....

2. ¿Cómo es el horario de este empleo?

   ....

3. ¿Cómo se solicita el empleo?

   ....

4. ¿En qué deben estar especializados los peluqueros que solicitan empleo?

   ....

5. ¿Dónde va a trabajar el hojalatero?

   ....

6. ¿Qué va a interesarle a la persona que lee este anuncio?

   ....

7. ¿Qué anuncios hay para personas que saben preparar comida?

   ....

   ¿Necesitan experiencia? ¿Cómo es el horario? ¿Dónde se solicita el empleo?

   ....

   ....

8. ¿Qué requisito hay en todos los anuncios para operarios?

   ....

   ¿Dónde quedan las fábricas? ¿Qué hacen (*do they make*) en las fábricas?

   ....

   ....

   ¿A qué teléfono llama la persona que quiere hacer ropa buena?

   ....

   ¿Cuál trabajo solicita la persona que quiere **trabajar mucho?** (usar [*to use*] dos agujas, empezar a trabajar hoy, tener buenas condiciones de trabajo)

   ....

   ¿Todos los operarios tienen que ser bilingües?

   ....

9. ¿Qué necesitan saber las personas a quienes les interesa el empleo en relaciones públicas?

   ....

   ¿El jefe paga el sueldo sólo?

   ....

10. ¿Qué necesita saber el (la) pianista que busca trabajo? ¿A quién acompaña?

    ....

11. ¿Dónde va a trabajar el zapatero? ¿Va a vender zapatos? ¿Necesita experiencia?

    ....

    ....

Name.. Section............................ Date........................

12. ¿En qué prendas (*articles*) de ropa trabaja el sastre?

   ....

13. ¿Cómo tiene que planchar el (la) planchador(a)? ¿Qué prendas plancha?

   ....

14. ¿Qué oportunidades hay para vendedores? ¿Qué pueden vender?

   ....

   ....

   ¿Qué requisitos hay? ¿Pagan bien en las tiendas?

   ....

   ....

15. ¿Qué empleos hay para personas a quienes les interesa el servicio doméstico?

   ....

   ....

   ¿Cuáles son los requisitos? ¿Qué tienen que hacer en la casa?

   ....

   ....

16. ¿Qué dinero reciben (*receive*) las camareras?

   ....

17. ¿Qué tienen que saber construir los carpinteros?

   ....

   ¿Dónde queda el trabajo?

   ....

18. ¿Qué idiomas necesita hablar el carnicero?

   ....

Name.. Section............................ Date........................

LECCIÓN 7

WORKBOOK EXERCISES

ESTRUCTURA 1

A. Answer each of the following questions in the affirmative.

Modelo: —¿Cuándo sale Elena? ¿Ahora?
—Sí, Elena sale ahora.

1. ¿Qué haces allí? ¿El café?

   ....

2. ¿Qué le traen ustedes a la secretaria? ¿Un regalo?

   ....

3. ¿A qué hora sales a comer? ¿A las tres?

   ....

4. ¿Qué hacen ustedes durante las vacaciones? ¿Un viaje?

   ....

5. ¿Con quiénes salen ustedes? ¿Con sus primos?

   ....

6. ¿Qué les hace falta a ustedes? ¿Unas guías turísticas nuevas?

   ....

7. ¿Qué me traes de España? ¿Unos guantes de cuero?

   ....

8. ¿Qué te hace falta? ¿Descansar un poco?

   ....

ESTRUCTURAS 1 y 4

B. Answer each of the following questions using the cue in parentheses.

1. ¿Qué nos traes hoy?   (unos periódicos)

   ....

2. ¿A qué hora sales para el aeropuerto?   (a las once y cuarto)

   ....

3. ¿Qué les hace falta a Uds.?   (un traje de baño)

   ....

4. ¿Cuánto tiempo hace que vendió Ud. el coche?   (seis meses)

   ....

5. ¿Qué tiempo hace hoy?   (mucho calor)

   ....

6. ¿Cuántos grados hace?   (25)

   ....

7. ¿Cuánto tiempo hace que vas a esa piscina?   (2 años)

   ....

ESTRUCTURA 3

C. Rewrite each of the following sentences changing the verb from the present tense to the preterit.

   Modelo: Tomo el avión en Nueva York.
   →Tomé el avión en Nueva York.

   1. Sale a comer a las dos.

      ....

   2. Vuelven de la playa.

      ....

   3. ¿Le das la guía turística?

      ....

   4. No encuentro el paraguas.

      ....

   5. Me gusta esa comida picante.

      ....

   6. Les enseñamos los anuncios.

      ....

Name.. Section............................ Date...........................

7. ¿Reciben Uds. las cartas?

   ....

8. No nieva en Veracruz.

   ....

D. Your friend is anxious to know if you are going to do certain things on your vacation in Mexico. Watch her surprise as you inform her that you have already done them. Substitute pronouns for direct object nouns, as in the model.

   Modelo: —¿Vas a recibir cartas de tu familia?
   —Ya las recibí.

   1. ¿Vas a visitar el Museo de Antropología?

      ....

   2. ¿Vas a comer en restaurantes mexicanos?

      ....

   3. ¿Vas a conocer la capital?

      ....

   4. ¿Vas a ver el Mercado de la Merced?

      ....

   5. ¿Vas a viajar a la playa?

      ....

   6. ¿Vas a pasar el fin de semana en Veracruz?

      ....

   7. ¿Vas a llevar la guía turística?

      ....

   8. ¿Vas a comprar unos regalos?

      ....

ESTRUCTURA 5

E. Respond to the following questions about your day, using the cues in parentheses in your answers.

   Modelo: —¿A qué hora tomó Ud. la comida hoy? (2 P.M.)
   —La tomé a las dos de la tarde.

   1. ¿A qué hora lo (la) llamó su amigo hoy? (7:55 A.M.)

      ....

2. ¿A qué hora salió de casa?   (9:15 A.M.)

   ....

3. ¿A qué hora llegó a la universidad hoy?   (10:45 A.M.)

   ....

4. ¿A qué hora comieron Uds.?   (1:00 P.M.)

   ....

5. ¿A qué hora entró Ud. en la biblioteca?   (3:30 P.M.)

   ....

6. ¿A qué hora empezó a llover?   (5:20 P.M.)

   ....

7. ¿A qué hora terminó Ud. de estudiar?   (6:40 P.M.)

   ....

8. ¿A qué hora volvió a su casa?   (8:00 P.M.)

   ....

F. Identify the time as indicated in these clocks.

   Modelo: ¿Qué hora es?

   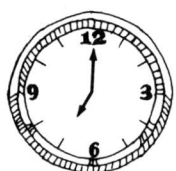

   Son las siete.

1.

....

Name.. Section............................. Date..........................

2. [clock]

....

3. [clock]

....

4. [clock]

....

5. [clock]

....

6. [clock]

....

TRADUCCIÓN

G. Translate the following sentences into Spanish. They will form a connected paragraph about a trip to Mexico.

1. I intend to take a trip to Mexico in July.

   ....

2. My parents took me there three years ago.

   ....

3. I need (**hacer falta**) many things for the trip.

   ....

4. I'm going to bring a guidebook and a bathing suit for the beaches in Veracruz.

   ....

   ....

5. I'm going to carry a raincoat and an umbrella in Mexico City.

   ....

   ....

6. In the capital (city) it rains every afternoon.

   ....

7. And at night it's cool.

   ....

8. I got to know Mexico City well, and I loved it.

   ....

9. I've been wanting to go back for a long time.

   ....

COMPOSICIÓN

H. Develop the lead statement into a paragraph using the following questions as a guide.

¿Adónde van? ¿Qué tiempo hace allí? ¿Cuántos grados hace? ¿Qué les hace falta? ¿Qué ropa van a llevar? ¿Cómo van a viajar? ¿Qué cosas interesantes van a ver?

Vamos a pasar las vacaciones en ....

....

....

Name.. Section............................... Date.............................

Name.. Section............................ Date............................

Lección 7 LABORATORY WORKSHEET

I. Iniciación

Repeat each phrase or sentence after the speaker.

II. Continuación

Now listen to the letters that Elena and Jorge have written to each other.

III. Pronunciación

A. *Identification of third-person singular preterit forms*

The following pairs of sentences will differ only in their verb forms: one sentence will have a third-person singular preterit form, the other a first-person singular present form. Listen very carefully for the contrasting verb forms and repeat each pair after the speaker.

1. Estudio ingles.   Estudió inglés.
2. Hablo contigo.   Habló contigo.
3. Terminó el libro.   Termino el libro.
4. Entró en el café.   Entro en el café.
5. Ganó veinte dólares.   Gano veinte dólares.

B. *Spanish g sound*

Repeat each of the following items after the speaker. In each of them the Spanish **g** sound is hard because it appears after a pause or after an **n**.

gris   grande
grado   un guante
tan gordo   Son grandes.
Guarda cama.   Gana mucho.

Now practice the soft variant of Spanish **g**. It occurs in all positions except after a pause or after an **n**.

amigo   algunos
delgado   negro
Pagan bien.   Hago un viaje.
desde agosto   No siguen aquí.

IV. Structure Drills

A. *The preterit of regular verbs*

Repeat each of the following sentences after the speaker. Then, say it again, changing the verb to agree with each cue that you hear. Repeat each correct answer after the speaker's confirmation. Listen to the model.

Speaker: Buscaron el almacén.
Student: Buscaron el almacén.
Speaker: Ella
Student: Buscó el almacén.
Speaker: Buscó el almacén.
Student: Buscó el almacén.

B. Hacer falta

Repeat each of the following questions after the speaker. Then answer the question using the cue you will hear. Make sure you use the correct form of **hacer falta** with the appropriate indirect object pronoun. Repeat each correct response after the speaker's confirmation. Listen to the model.

Speaker: ¿Qué le hace falta?
Student: ¿Qué le hace falta?
Speaker: Un suéter
Student: Le hace falta un suéter.
Speaker: Le hace falta un suéter.
Student: Le hace falta un suéter.

V. Listening Activities

A. *Listening comprehension*

You will hear seven questions or statements, each followed by three suggested responses. Circle the letter of the correct response. Each item will be read twice.

1. a b c
2. a b c
3. a b c
4. a b c
5. a b c
6. a b c
7. a b c

B. *Multiple choice comprehension check*

You will hear a paragraph read twice. After the second reading the speaker will ask you five questions each followed by three possible responses. Based on the content of the paragraph, circle the letter of the correct response.

1. a b c
2. a b c
3. a b c
4. a b c
5. a b c

C. *Answering questions*

You will hear a paragraph read twice. Listen to it carefully. After the second reading answer the questions that appear on your worksheet, based on the content of the paragraph.

1. ¿Por qué vive Elena en los Estados Unidos?

....

2. ¿Qué tiempo hace allí?

   ....

3. ¿Adónde piensa ir Elena?

   ....

4. ¿Con quién va?

   ....

5. ¿De dónde son los Mercado?

   ....

6. ¿Dónde está el Hotel Constitución?

   ....

Lección 7 PUNTOS DE VISTA

Traveling Abroad from Mexico

After visiting Mexico you might want to travel to Panama and then go on to Bogotá, the capital of Colombia; Caracas, the capital of Venezuela; Guayaquil, the principal port city of Ecuador; and Lima, the capital of Peru. Check your flight connections in the following ad from *Excelsior,* a newspaper published in Mexico City. After studying the accompanying vocabulary, answer the questions based on the information contained in the ad.

AIR PANAMA INTERNACIONAL

Tiene nuevos y mejores horarios!

De México a:

Panama	Y conexiones inmediatas a:			
	Bogota	Caracas	Guayaquil	Lima
MIERCOLES	MIERCOLES	MIERCOLES	VIERNES	MIERCOLES
JUEVES	JUEVES	JUEVES		JUEVES
VIERNES	VIERNES	VIERNES		SABADOS
SABADOS	DOMINGOS	SABADOS		
DOMINGOS		DOMINGOS		
SALE: 2:45p.m.	SALE: 2:45p.m.	SALE: 2:45p.m.	SALE: 2:45p.m.	SALE: 2:45p.m.
LLEGA: 7:00p.m.	LLEGA: 8:55p.m.	LLEGA: 10:30p.m.	LLEGA: 9:30p.m.	LLEGA: 10:55p.m.

Viajar por AIR PANAMA es disfrutar de excelente servicio que incluye bar abierto, excelente comida, finas atenciones y puntualidad!

Para mayores informes consulte a su Agente de Viaje amigo ó a nuestras oficinas en:
Paseo de la Reforma No. 36
Tels: 566-7568/566-7557/546-8204

Bienvenido a
AIR PANAMA INTERNACIONAL
lo mejor le esta esperando
Y es panameña!

Vocabulario

PALABRAS AFINES
el **agente**
la **atención**
el **bar**
la **conexión**
excelente
fino
inmediato
internacional
el **servicio**

bienvenido   welcome
consulte (consultar)   consult (*command*)
disfrutar   to enjoy
esperando   waiting
   le está esperando   it's waiting for you
el **horario**   timetable, schedule
incluye (incluir)   it includes
los **informes**   information
mayor(es)   here, further
mejor: lo mejor   the best
la **puntualidad**   punctuality

OTRAS PALABRAS
amigo   friendly

1. Según (*according to*) el anuncio, ¿cómo son los horarios de Air Panamá Internacional?
   ....

2. ¿A qué países va Air Panamá?
   ....

3. ¿Qué incluye el «excelente servicio» de Air Panamá?
   ....

4. ¿En qué calle quedan las oficinas de Air Panamá?
   ....

5. ¿Qué otras maneras (*ways*) hay de recibir informes?
   ....
   ....

Según el horario:

1. ¿A cuál país tiene Ud. que viajar para hacer conexiones con otros países de Latinoamérica?
   ....

2. ¿A qué hora sale el avión de México?
   ....

3. ¿A qué hora llega el avión a **Panamá?** (Bogotá, Caracas, Guayaquil, Lima)
   ....
   ....

4. ¿A cuál ciudad hispanoamericana llegan **más** vuelos (*flights*) de México? (menos)
   ....

Name.. Section............................. Date.........................

5. ¿Cuál ciudad queda más **cerca** (con conexión inmediata) de México? (lejos)

   ....

6. ¿Cuántas horas de viaje son para llegar de México a cada una de las ciudades que están en el horario?

   ....

   ....

7. Si Ud. llega a Panamá el miércoles, ¿qué día puede salir en Air Panamá para Guayaquil?

   ....

8. ¿Qué días no puede Ud. viajar de México a Lima?

   ....

9. Si Ud. tiene que estar en Caracas el lunes, ¿qué día necesita salir de México?

   ....

10. ¿Cuántas horas de viaje son entre Panamá y la capital venezolana?

    ....

11. ¿Qué día(s) no hay conexiones inmediatas entre Panamá y Bogotá?

    ....

12. ¿Adónde puede Ud. viajar de México con conexión inmediata los **miércoles?** (jueves, viernes, sábados, domingos)

    ....

    ....

Name.. Section............................. Date........................

LECCIÓN 8

WORKBOOK EXERCISES

ESTRUCTURA 1

A. Rewrite each of the following sentences changing the verb from the present tense to the preterit.

   Modelo: Consigue un empleo.
   →Consiguió un empleo.

   1. ¿Uds. piden otro vino?

   ....

   2. No duerme bien en esa casa.

   ....

   3. Pruebo este plato.

   ....

   4. Preferimos volver por la noche.

   ....

   5. ¿El señor Valdés muere?

   ....

   6. Almuerzan a las dos.

   ....

ESTRUCTURA 2

B. Your friend asks you when certain things will occur. Tell her they have already happened, using the verbs in the preterit in your responses.

   Modelo: —¿Cuándo va a pedir Esteban el pan?
   —Bueno, ya lo pidió.

   1. ¿Cuándo va a poner Juan la mesa?

   ....

2. ¿Cuándo van a traer los muchachos los refrescos?

   ....

3. ¿Cuándo vas a almorzar?

   ....

4. ¿Cuándo vas a hacer las legumbres?

   ....

5. ¿Cuándo va a ir Iris a Santiago?

   ....

6. ¿Cuándo van Uds. a tener el examen de física?

   ....

ESTRUCTURA 3

C. Answer the following questions using the cues in parentheses and changing the direct object nouns to the corresponding direct object pronouns. Make all necessary changes.

Modelo: —¿Quién te escribió esa carta? (Eduardo)
—Me la escribió Eduardo.

1. ¿Quién te hizo el sándwich? (Teresa)

   ....

2. ¿Quiénes les enseñaron a Uds. las playas? (los Pérez)

   ....

3. ¿Quiénes le prepararon a Ud. el arroz? (los cocineros)

   ....

4. ¿Quién me dejó estos periódicos? (un niño)

   ....

5. ¿Quién te trajo los plátanos? (José Luis)

   ....

6. ¿Quiénes le pidieron más dinero al jefe? (los empleados)

   ....

D. Rewrite each of the following sentences changing the direct object noun to a direct object pronoun and making all necessary changes. Rewrite each sentence in two ways.

Modelo: No quisieron darme la corbata.
→No quisieron dármela.
→No me la quisieron dar.

1. No pudo vendernos esas cucharas.

   ....

   ....

2. Les quise leer un libro.

   ....

   ....

3. ¿Tuviste que servirle la carne?

   ....

   ....

4. Te quisieron enseñar las camisas.

   ....

   ....

5. Necesitamos pedirles más dinero.

   ....

   ....

6. Me van a hacer un plato muy rico.

   ....

   ....

ESTRUCTURA 4

E. Complete each of the following sentences by supplying the absolute superlative of the adjective in parentheses.

Modelo: Estos anuncios son buenísimos. (bueno)

1. Gabriela fue .... (simpático)

2. Anoche la sopa estuvo .... (rico)

3. Sus supermercados son .... (grande)

4. Las cocineras están .... (ocupado)

5. El museo de arte es .... (interesante)

6. Estos precios son .... (alto)

ESTRUCTURA 5

F. Complete each of the following sentences by supplying the appropriate relative word.

   Modelos: Aquí está el autobús *que* tomamos.

   ¿Este señor es el jefe para *quien* trabajas?

   1. Allí está la mesa .... compré ayer.

   2. ¿No vieron Uds. la casa en .... vivimos?

   3. Las mujeres .... conociste son mis tías.

   4. Le van a encantar los platos de .... le hablé.

   5. Marta y Felipe son los chicos con .... vinimos.

   6. Conocen bien al mesero .... sirvió la cazuela.

TRADUCCIÓN

G. Translate the following sentences into Spanish. They will form a connected paragraph about a restaurant experience.

   1. My mother and I took the bus downtown yesterday.

   ....

   2. We went to the Bazar Santiago.

   ....

   3. I bought a red blouse, and Mom found a very pretty dress.

   ....

   4. After looking for bargains in other stores, we went into the Europa Restaurant.

   ....

   ....

   5. The waiter brought us the menu and set the table.

   ....

Name.. Section............................ Date...........................

6. I ordered soup, chicken, and a salad.

   ....

7. Mom ordered fish and vegetables.

   ....

8. We had wine and chocolate cake for dessert.

   ....

9. The dishes we tried were delicious.

   ....

10. Mom paid the bill, and I left the tip.

    ....

COMPOSICIÓN

H. Write a dialogue between two friends.

(1) *Miguel* loves to cook and spends a lot of time in the kitchen. He likes to prepare interesting dishes and to set a beautiful table for his friends. Have Miguel talk about the foods he makes and how he sets his table for a meal.

(2) *Isabel* doesn't like to cook, but loves to eat! She likes to eat at home as well as in restaurants. Have Isabel describe what she eats for breakfast, lunch, and dinner—and perhaps give a sample menu of what she ate yesterday! Have her suggest to Miguel that she help him prepare dinner today and then eat it with him!

....

....

....

....

....

....

....

....

....

....

....

....
....
....
....
....
....
....

Name.. Section............................ Date............................

Lección 8 LABORATORY WORKSHEET

I. Iniciación

Repeat each phrase or sentence after the speaker.

II. Continuación

Now listen to the story about Esteban Durán.

III. Pronunciación

Practice the single **r** of Spanish both between vowels and after consonants. The sound of single **r** in Spanish is similar to the sound of American English *t* and *d* in words such as *city, lady*. Repeat each of the following words, phrases and sentences after the speaker.

hablaron   enseñaron
escribieron   vendieron
cuchara   naranja
madre y padre   un color oscuro
Hace frío.   Trajeron frutas y legumbres.
Aceptaron el trabajo.   Aprendieron historia.

IV. Structure Drills

A. *The preterit of stem-changing verbs of the -i- class and irregular preterits*

Carry on a series of short conversations with the speaker by answering each question in the affirmative. Use in your responses the cue given in the first question. Repeat each correct answer after the speaker's confirmation. Listen to the model.

Speaker: ¿Qué sirvió tu amiga? ¿Café y galletas?
Student: Sí, sirvió café y galletas.
Speaker: Sí, sirvió café y galletas.
Student: Sí, sirvió café y galletas.
Speaker: ¿Y tus tíos?
Student: Ellos también sirvieron café y galletas.
Speaker: Ellos también sirvieron café y galletas.
Student: Ellos también sirvieron café y galletas.

B. *The preterit of stem-changing and irregular verbs*

Repeat each of the following sentences after the speaker. Then, when you hear the tone, say it again, changing the verb from the present to the preterit. Repeat each correct response after the speaker's confirmation. Listen to the model.

Speaker: Encuentran la calle.
Student: Encuentran la calle.
             (*tone*)
             Encontraron la calle.
Speaker: Encontraron la calle.
Student: Encontraron la calle.

C. Double object pronouns

Answer each of the speaker's questions in the negative by replacing the direct object noun by the corresponding object pronoun. Your answer will therefore contain double object pronouns, one indirect and one direct. Repeat each correct response after the speaker's confirmation. Listen to the model.

Speaker: ¿Te dieron los lápices?
Student: No, no me los dieron.
Speaker: No, no me los dieron.
Student: No, no me los dieron.

V. Listening Activities

A. Listening comprehension

You will hear five questions or statements, each followed by three suggested responses. Circle the letter of the correct response. Each item will be read twice.

1. a b c   3. a b c   5. a b c
2. a b c   4. a b c

B. True/false

You will hear a paragraph read twice. After the second reading the speaker will read six statements, twice each. Based on the content of the paragraph, indicate on your worksheet whether each statement is true or false. Listen to the paragraph.

1. T F   2. T F   3. T F   4. T F   5. T F   6. T F

C. Answering questions

You will hear a paragraph read twice. Listen to it carefully. After the second reading answer the questions below based on the content of the paragraph.

1. ¿Para quiénes hizo Bárbara el desayuno?

   ....

2. ¿Qué sirvió en el desayuno?

   ....

3. ¿Qué comen los niños en el colegio?

   ....

4. ¿Quiénes almorzaron en casa?

   ....

5. ¿Cómo ayudó a Bárbara su mamá?

   ....

6. ¿Adónde fue Bárbara por la tarde?

   ....

Name.. Section............................... Date............................

7. ¿Qué hizo Bárbara para la cena?

   ....

8. ¿En qué es distinta Bárbara de las mozas y de las cocineras?

   ....

Lección 8 PUNTOS DE VISTA

Let's Eat!

While in Madrid you might want to check out the following menus. They are quite typical of breakfast and lunch fare. After selecting your dishes and studying the accompanying vocabulary, answer the questions that follow. **¡Buen provecho!** (*Enjoy your meal!*) Note that at this writing there are 165 pesetas to the U.S. dollar.

Cambridge Garden

Alberto Bosch, 19 - (esquina Alfonso XII, 38) - MADRID

Servicio Restaurante: De 1 a 4,30

PLATOS COMBINADOS

N.° 1 - Filete Ternera, Tortilla Francesa, Ensaladilla Rusa
450 pts.

N.° 2 - Filete de Pollo, Croquetas, Patatas fritas
300 pts.

N.° 3 - Pepito Ternera, Huevos fritos con patatas fritas
400 pts.

N.° 4 - Jamón York, Ensaladilla Rusa, Huevo cocido, croquetas
350 pts.

N.° 5 - Merluza R., Tortilla y ensalada
425 pts.

N.° 6 - Escalope con patatas y verdura
600 pts.

N.° 7 - Lenguado molinera y ensalada
600 pts.

N.° 8 - Entrecot con patatas y verdura
700 pts.

"Se celebran comuniones"
Pidan Presupuestos

Cambridge Garden

Alberto Bosch, 19 - (esquina Alfonso XII, 38) - MADRID

Servicio Restaurante: De 1 a 4,30

DESAYUNOS ESPECIALES

- **N.º 1** Café o té con bollería a la plancha, tostada o picatostes: **70 pts.**
- **N.º 2** Chocolate con picatostes o bollería mantequilla y mermelada: **75 pts.**
- **N.º 3** Bocadillo de tortilla, chorizo plancha o bacón plancha con vino o cerveza y café o té **90 pts.**
- **N.º 4** Sandwiches de queso, jamón York o vegetal, con vino ó cerveza y café ó té **90 pts.**
- **N.º 5** Huevo con Bacón y café ó té, con bollería o tostada **90 pts.**
- **N.º 6** Zumo de naranja, huevo con bacón, vino ó cerveza y café, té ó chocolate con tostada completa ó picatostes: **140 pts.**

BOCADILLOS VARIADOS

N.º 7
- TORTILLA
- ANCHOAS
- JAMON SERRANO
- SARDINAS EN ACEITE
- QUESO MANCHEGO
- JAMON YORK
- BONITO CON MAHONESA O PIMIENTO MORRON
- QUESO CON ANCHOAS
- CHORIZO
- PIMIENTO FRITO CON ANCHOAS
- SALCHICHON
- FOIE GRAS CON ANCHOAS

Con Vino, Cerveza ó Café . . . . **95 ptas.**

Menús del día: Tres platos a partir de las 13 horas
Con pan, vino ó cerveza ó agua mineral: **400 pts.**

(Menús al dorso)

Name.. Section............................. Date...........................

Vocabulario

PALABRAS AFINES

el **apetito**
el **bacón**
la **cafetería**
   combinado
   completo
las **comuniones**
la **croqueta**
el **chocolate**
   especial

el **filete**
   foie gras   liver paté
el **menú**
la **mermelada**
   mineral
la **sardina**
el **servicio**
   variado
el **vegetal**

(Note that names of dishes prepared in a particular way such as Serrano, Manchego, York, etc., are not translated.)

OTRAS PALABRAS

el **aceite**   oil
la **anchoa**   anchovy
el **bocadillo**   sandwich made with a roll
la **bollería**   assortment of rolls
el **bonito**   tunny, tuna
   se celebran (celebrar)   they are celebrated
   cocido (cocer)   boiled, cooked
el **chorizo**   pork sausage
   dorso: al dorso   on the back
la **ensaladilla**   Russian salad (potato salad)
el **entrecot**   boned rib steak
el **escalope**   boneless veal cutlet
la **esquina**   corner
   frito   fried
el **jamón**   ham
el **lenguado**   sole, flounder
la **mahonesa**   mayonnaise (also, **la mayonesa**)
la **mantequilla**   butter
la **merluza**   hake

la **naranja**   orange
   partir: a partir de   from
la **patata**   = **la papa**
los **picatostes**   buttered toast, fried bread with bacon
   pidan (pedir)   ask for (*command*)
el **pimiento (morrón)**   a kind of pepper
la **plancha**   grill
el **presupuesto**   estimate
el **salchichón (la salchicha)**   large sausage
la **ternera**   veal
la **tortilla**   omelette (*most commonly, filled with potato* = **a la española**)
la **tostada**   toast
la **verdura**   (green) vegetables
el **zumo**   jugo

ABREVIATURAS

Nº./número   number
ptas.⎫
pts. ⎬ pesetas

1. ¿Cuál es la dirección (*address*) del Cambridge Garden? ¿En qué esquina queda?

   ....

2. ¿Cuándo hay servicio de restaurante?

   ....

3. ¿Cuánto cuesta el desayuno más **barato** (caro)? ¿Qué sirven?

   ....

   ....

4. ¿Qué puedes beber con el desayuno?

   ....

5. ¿Qué clase (*kind*) de bocadillos hay?

6. Si no quieres comer fuerte (*heavily*) por la mañana, ¿cuál desayuno pides?

7. Si tienes mucho apetito, ¿cuál desayuno pides?

8. A partir de las trece horas sirven el menú. ¿Cuántos platos dan? ¿Qué más sirven con el menú? ¿Cuánto cuesta?

9. ¿Cuáles son los platos combinados más **caros** (baratos)?

10. ¿Cuáles son los platos combinados que tienen **carne** (pescado, pollo)?

11. ¿Cuáles legumbres sirven?

12. ¿Cómo sirven las papas?

13. ¿Cuál plato combinado te gusta más?

14. ¿Qué puedes celebrar en este restaurante?

15. Si te interesa dar una fiesta (*party*) en el restaurante, ¿qué debes pedir?

Name.. Section............................ Date..........................

LECCIÓN 9

WORKBOOK EXERCISES

ESTRUCTURA 1

A. Answer each of the following questions with a verb in the preterit. You will say in each case that the people asked about have done the things in question.

   Modelo: —¿Cuándo se va a dormir tu hijo?
   —Ya se durmió.

   1. ¿Cuándo se van a ir tus tíos?

   ....

   2. ¿Cuándo se van a vestir los niños?

   ....

   3. ¿Cuándo se va a bañar Ud.?

   ....

   4. ¿Cuándo se van a mudar Uds.?

   ....

   5. ¿Cuándo se van a peinar los niños?

   ....

   6. ¿Cuándo se va a casar tu prima?

   ....

   7. ¿Cuándo te vas a quejar con el profesor?

   ....

B. Answer each of the following questions in a complete Spanish sentence.

   1. ¿A qué hora te acostaste anoche?

   ....

   2. ¿A qué hora te despertaste hoy?

   ....

3. ¿Se puso Ud. un abrigo ayer? ¿Por qué (no)?

   ....

4. ¿Te peinas antes o después de vestirte?

   ....

5. Si llegas tarde a tus clases, ¿se enojan tus profesores?

   ....

6. ¿Se olvida Ud. de muchas cosas o se acuerda de todo?

   ....

7. Después de tomar los exámenes, ¿cómo se siente Ud.?

   ....

ESTRUCTURA 2

C. Translate the following sentences into Spanish using one of the neuter forms learned in Lección 9.

1. They didn't remember this.

   ....

2. The bad part of the trip is the heat.

   ....

3. We didn't like what he said.

   ....

4. He's not going to forget that (*remote*).

   ....

5. The students complain as little as possible.

   ....

6. I don't know what you received.

   ....

7. The interesting part of the class is the report.

   ....

8. I don't like that business about the exams.

   ....

Name.. Section........................... Date..........................

ESTRUCTURA 4

D. Yesterday things went differently from other days. Say so in each case by writing a sentence beginning with **Pero antes** and using the verb in the imperfect to tell how things used to be every day.

   Modelo: Ayer no vinieron mis amigos.
   →Pero antes venían todos los días.

   1. Ayer no vimos a Carlos.

   ....

   2. Ayer no fue buena la clase.

   ....

   3. Ayer mis padres no recibieron una carta de mi hermano.

   ....

   4. Ayer no se quejaron los estudiantes.

   ....

   5. Ayer mi esposa y yo no nos despertamos temprano.

   ....

   6. Ayer no comiste en casa.

   ....

   7. Ayer no hizo mucho calor.

   ....

   8. Ayer no fuimos al cine.

   ....

E. Rewrite the following story in the past. In each sentence change the first verb to the preterit and the second verb to the imperfect.

   1. Llamo a María porque quiero salir con ella.

   ....

   2. No puedo hablar con ella porque está en la universidad.

   ....

   3. Cuando llamo a las cinco de la tarde, María se ducha.

   ....

   4. Ella dice que tiene ganas de salir conmigo.

   ....

5. Le pregunto si le gusta la comida italiana.

   ....

6. Ella me contesta que sí, y que conoce un restaurante muy bueno.

   ....

ESTRUCTURA 5

F. Write out the following numbers in Spanish.

1. .... (100) sacos
2. .... (301) habitaciones
3. .... (471) paraguas
4. .... (653) platos
5. .... (892) trenes
6. .... (1.000) cucharitas
7. .... (4.831) lápices
8. .... (7.956) mujeres
9. .... (8.517) kilómetros
10. .... (10.000) calles

TRADUCCIÓN

G. Translate into Spanish the following conversation between Martín Álvarez and his parents, don Luis and doña Graciela, about their trip to Spain last month.

1. Martín: I wanted to ask you (*plural*). Did you feel tired when the plane arrived at Madrid?

   ....

   ....

2. Doña Graciela: A little. The trip was long. We traveled seven hours.

   ....

   ....

3. Don Luis: We were very hungry when they finally served lunch. But we liked the meal.

   ....

   ....

Name.. Section............................ Date............

4. Doña Graciela: Your father ate so much that he fell asleep after lunch.

   ....

   ....

5. Martín: Well, Dad always took a nap after lunch when he ate a lot.

   ....

   ....

6. Doña Graciela: When we got to our hotel, we were warm. Therefore we took a shower and changed our clothing.

   ....

   ....

7. Don Luis: Your mother was sleepy but I was eager to see something. We took a walk around the neighborhood where we were living.

   ....

   ....

8. Doña Graciela: The hotel was very pretty and it was near the Plaza Mayor. And we loved Madrid!

   ....

   ....

COMPOSICIÓN

H. Write a paragraph that describes what your daily routine was like when you were 14 years old. Tell what you used to do from morning until bedtime and give some idea of the times at which you did these things.

....

....

....

....

....

....

....

.... 104
....
....
....
....
....

Name.. Section............................. Date..............................

Lección 9 LABORATORY WORKSHEET

I. Iniciación

Repeat each phrase or sentence after the speaker.

II. Continuación

Listen to the dialogue between Pilar and her parents.

III. Pronunciación

Practice the Spanish trilled **r**. In Spanish spelling, trilled **r** is represented by a single **r** at the beginning of words and by **rr** between vowels. Repeat each of the following items after the speaker.

rojo	rico	arreglarse
rubio	razón	barrio
Inglaterra	cerrado	los rusos

Recibió las revistas.
Rafael está aburrido.
El arroz estuvo rico.
Tiene razón.
Cerraron el restaurante un rato.

IV. Structure Drills

A. *Reflexive verbs*

Repeat each of the following sentences after the speaker. Then, say it again, changing the verb to agree with each cue you hear. Repeat each correct answer after the speaker's confirmation. Listen to the model.

Speaker: Se levantaron temprano.
Student: Se levantaron temprano.
Speaker: Tú
Student: Te levantaste temprano.
Speaker: Te levantaste temprano.
Student: Te levantaste temprano.

B. *Imperfect tense*

Repeat each of the following sentences after the speaker. Then, say it again, changing the verb to agree with each cue you hear. Repeat each correct answer after the speaker's confirmation. Listen to the model.

Speaker: Juan siempre me contestaba en español.
Student: Juan siempre me contestaba en español.
Speaker: Tú
Student: Tú siempre me contestabas en español.
Speaker: Tú siempre me contestabas en español.
Student: Tú siempre me contestabas en español.

C. Questions and answers

1. The speaker will ask you questions about your family's routine. Say in each case that you don't do these things now but you used to do them before. Repeat each correct response after the speaker's confirmation. Listen to the model.

   Speaker: ¿Uds. se levantan temprano?
   Student: No, ahora no. Pero antes nos levantábamos temprano todos los días.
   Speaker: No, ahora no. Pero antes nos levantábamos temprano todos los días.
   Student: No, ahora no. Pero antes nos levantábamos temprano todos los días.

2. The speaker will ask you why you didn't do certain things. Using the cue you hear, give the reason in the imperfect tense. Repeat each correct response after the speaker's confirmation. Listen to the model.

   Speaker: ¿Por qué no saliste?
   (hacer frío)
   Student: No salí porque hacía frío.
   Speaker: No salí porque hacía frío.
   Student: No salí porque hacía frío.

V. Listening Activities

A. *Listening comprehension*

You will hear six questions or statements, each followed by three suggested responses. Circle the letter of the correct response. Each item will be read twice.

1. a b c
2. a b c
3. a b c
4. a b c
5. a b c
6. a b c

B. *True/false*

You will hear a paragraph read twice. After the second reading the speaker will read eight statements twice each. Based on the content of the paragraph, indicate on your worksheet whether each statement is true or false.

1. T F
2. T F
3. T F
4. T F
5. T F
6. T F
7. T F
8. T F

C. *Answering questions*

You will hear a paragraph read twice. Listen to it carefully. After the second reading answer the questions based on it that appear below.

1. ¿Qué es Manolo Sierra?

   ....

2. ¿Se despertó tarde o temprano ayer?

   ....

3. ¿Por qué no desayunó antes de salir para la oficina?

   ....

4. ¿Cómo llegó a su oficina? ¿A qué hora llegó?

   ....

Name……………………………………………………………… Section…………………………… Date……………………………

5. ¿Por qué estaba enojada la secretaria?

   ……

6. ¿Por qué estaba molesta la mecanógrafa?

   ……

Lección 9 PUNTOS DE VISTA

Getting Around in Madrid

How would you like to take a ride on the Madrid metro? Check out the following subway map and the accompanying vocabulary. Then answer the questions based on the information given. **¡Que lo pase bien!** (*Have a good time!*)

Vocabulario

PALABRAS AFINES

las **conexiones**
  consulte (*command,* **consultar**)
  funcionar
  identificar
  importante
la **línea**
el **minuto**
  principal
  rápido

OTRAS PALABRAS

comprobará (comprobar) you'll prove; (*here*) you'll see
conocerá (conocer) you'll get to know, become familiar with
conociendo (conocer) being familiar with
contado (*lit.*) counted
  en minutos contados in just a few minutes
cualquier: a cualquier parte anywhere
descubra (descubrir) discover (*command*)
despistado lost, disoriented
encontrará (encontrar) you'll find
en seguida immediately
escoger to choose
la **madrugada** dawn, early morning
el **metro** meter (*metric measure—about 3.2 feet*)
  a un metro a meter away (play on words—**el metro**)
oídas: de oídas by hearsay
la **pérdida** loss
  no tiene pérdida (*lit.*) you'll have no loss; (*here*) you won't get lost (play on words—**la pérdida**)
pídalo (pedir) ask for it (*command*)
el **plano** (subway) map
  próximo next
el **sitio** place
la **taquilla** ticket window

ABREVIATURAS

Avda. = **Avenida**
Gral. = **General**
Pl. = **Plaza**

1. ¿Qué sitios puede Ud. conocer con el plano del metro?

   ....

2. ¿Qué puede Ud. escoger en usar el metro?

   ....

3. ¿Por qué no se siente Ud. como un turista despistado?

   ....

4. ¿Qué debe Ud. hacer antes de ir a cualquier parte?

   ....

5. ¿Cómo conocerá Ud. mejor Madrid?

   ....

Name.. Section............................. Date...........................

Now study the following metro map and answer the questions below.

1. ¿A qué hora **empieza a** funcionar el metro? (termina de)

   ....

2. ¿Cuáles son las paradas (*stops*) principales donde Ud. puede hacer el trasbordo (*transfer*)?

   ....

   ....

3. ¿Qué paradas hay entre las siguientes paradas?
   Prosperidad y Esperanza

   ....

   Argüelles y Menéndez Pelayo

   ....

Sol y Goya

....

Oporto y Puerta de Toledo

....

San Blas y Cartagena

....

Avda. América y Pueblo Nuevo

....

4. Si Ud. está en la parada **Conde de Casal,** ¿cómo puede llegar a **Sevilla?** ¿Necesita cambiar de una línea a otra?

....

....

Now substitute the following stops for those in number 4 and answer the same questions.

Pl. España / Quevedo

....

....

Canillejas / El Carmen

....

....

Pacífico / Banco de España

....

....

Pl. Elíptica / Estrella

....

....

Nuevos Ministerios / Pl. Castilla

....

....

Opera / Retiro

....

....

Name.. Section............................ Date..........................

5. En España muchas calles y avenidas tienen el nombre (*name*) de una persona importante en la historia española. ¿Puede Ud. identificar a algunas de estas personas en los nombres de las paradas del metro? ¿Por qué son famosas?

   1. ....
   2. ....
   3. ....
   4. ....
   5. ....
   6. ....
   7. ....
   8. ....
   9. ....
   10. ....

LECCIÓN 10

WORKBOOK EXERCISES

Review of preterit-imperfect contrast

A. Rewrite the following paragraph in the past. Select either the preterit or the imperfect for each boldface verb.

Mi abuelo Teodoro **nace** en Rusia. Cuando **tiene** 14 años **deja** a su familia y **se va** para Estados Unidos. Siempre **mira** hacia el futuro con optimismo porque **cree** que en Estados Unidos **hay** oportunidades para todos. **Tiene** ganas de estudiar para abogado y **piensa** que algún día **va** a realizar esa ambición. Primero **aprende** inglés y **termina** sus clases en el colegio. Mientras **estudia, necesita** trabajar también. Luego **entra** en la universidad. Le **falta** dinero como siempre y **sigue** con sus varios empleos. Por fin, después de muchos años difíciles, mi abuelo **llega** a ser abogado. **Realiza** el sueño más importante de su vida. Mi abuelo siempre **piensa** en el futuro, aunque no **se olvida** de su pasado, que **es** todavía importantísimo para él.

ESTRUCTURA 1

B. Complete each sentence by adding the definite article where necessary.

1. ¿Cuál estación te gusta más, ... primavera o .... otoño?

2. Cuando yo lo vi, ... señor López hablaba .... italiano.

3. El hijo de .... señora Soto nació .... 25 de mayo de 1981.

4. .... profesora Salas enseña .... matemáticas.

5. Me interesan .... comunidades hispanas.

6. Marisa escribió todas sus cartas en .... alemán.

7. Dijeron que .... vida era muy difícil en ese país.

8. .... inglés y .... francés son los idiomas de Canadá.

9. Mis primos llegaron aquí en .... 1979.

10. Las clases empiezan .... primero de octubre.

ESTRUCTURA 2

C. Write out these important dates in your life.

1. Nací el ....

2. Empecé mis clases en la escuela primaria el ....

3. Terminé mis clases en el colegio el ....

4. Empecé el empleo que tengo ahora el ....

5. Me casé (me voy a casar) el ....

6. Me voy de vacaciones el ....

ESTRUCTURA 3

D. Answer each question with the double of each number.

Modelo: —¿La casa costó doscientos cincuenta mil dólares?
—No, costó quinientos mil dólares.

1. ¿En esta ciudad viven dos millones cuatrocientas mil personas?

   ....

2. ¿Esta biblioteca tiene ochocientos cincuenta mil libros?

   ....

3. ¿Aquel planeta (*planet*) queda a cinco millones quinientas mil millas de la tierra (*earth*)?

   ....

4. ¿Ese país está a diez mil seiscientos kilómetros de aquí?

   ....

5. ¿Hay cincuenta y tres mil casas en esta ciudad?

   ....

6. ¿Ese carro cuesta once mil doscientos dólares?

   ....

ESTRUCTURAS 4 y 5

E. Write the correct present subjunctive form of the verbs in parentheses.

  1. (recibir)   Me alegro de que (tú) .... muchas cartas.

  2. (comprender)   Sentimos mucho que Uds. no .... nada.

  3. (divorciarse)   No quiero que Claudia y Bernardo ....

  4. (adaptarse)   Ojalá que nosotros .... pronto.

  5. (acostarse)   Prefiero que los niños .... ahora.

  6. (vestirse)   Ojalá que ellos .... en seguida.

  7. (estar)   Tal vez los libros .... en la biblioteca.

  8. (darse cuenta) Me alegro de que el profesor .... del problema.

  9. (probar)   ¿No quieres que yo .... lo que preparaste?

  10. (ofenderse)   Ellos no quieren que nosotros ....

F. Using the verbs given, write a two-line exchange between a mother and a child. Follow the model.

  Modelo: vestirse / ducharse
    Hijo: Mamá, ¿quieres que me vista ahora?
    Mamá: No, prefiero que te duches primero.

  1. llamar a mis amigos / ayudarme

    Hijo: ....

    Mamá: ....

  2. comer / estudiar

    Hijo: ....

    Mamá: ....

3. servir la torta / buscar los platos

   Hijo: ....

   Mamá: ....

4. contestar la carta / leérmela

   Hijo: ....

   Mamá: ....

5. solicitar un empleo / terminar las clases en el colegio

   Hijo: ....

   Mamá: ....

6. llevar a Carlos al cine / quedarse en casa con Marisol

   Hijo: ....

   Mamá: ....

G. Using the verbs given, write a two-line exchange between two students. Follow the model.

   Modelo: escribir una composición / poder
   María: El profesor quiere que escribamos una composición.
   Luisa: Ojalá que podamos.

   1. darle el informe mañana / terminarlo

      María: ....

      Luisa: ....

   2. estar a las ocho / no llegar tarde

      María: ....

      Luisa: ....

   3. explicar los problemas / contestar bien

      María: ....

      Luisa: ....

   4. tomar un examen / acordarnos de todo

      María: ....

      Luisa: ....

5. sacar libros de la biblioteca / no olvidarnos

   María: ....

   Luisa: ....

6. estar contentas en su clase / adaptarnos

   María: ....

   Luisa: ....

TRADUCCIÓN

H. Translate the following sentences into Spanish.

1. My name is Adriana Aguilar and I am 27 years old.

   ....

2. I always wanted to have a profession and now I'm studying to be a lawyer.

   ....

3. Maybe I will finish my classes this year.

   ....

4. My children are happy that I will begin to work.

   ....

5. I'm going to be able to spend more time with them.

   ....

6. I forgot to tell you—I got divorced four years ago.

   ....

7. My husband was a doctor. We got married on October 15, 1979.

   ....

   ....

8. He always said to me: —I don't want you to work. I want you to devote yourself to the house and to the children.

   ....

   ....

9. But I wanted to have a profession too. I didn't feel like always staying home.

　　...

　　...

10. My husband and I weren't getting along well and we had to get a divorce.

　　...

　　...

11. My parents want me to get married again.　(Use **volver a** + *inf.*)

　　...

　　...

12. But for me now the important thing is my profession.

　　...

　　...

COMPOSICIÓN

I. Write a paragraph in Spanish about your future plans using the following questions as a guide.

What professional and personal ambitions and dreams do you have? Are there opportunities for you to realize your ambitions? What customs and traditions are important to you? Do you have new and modern ideas that are different from those your family had? Do your ideas clash with their traditions? How? Do you look toward the future optimistically or are you a pessimist?

Name.. Section............................. Date...........................

Lección 10 LABORATORY WORKSHEET

I. Iniciación

Repeat each phrase or sentence after the speaker.

II. Continuación

Now listen to the narrations of the Cuban mother and daughter.

III. Structure Drills

A. *Present subjunctive of regular and stem-changing verbs*

Repeat each of the following sentences after the speaker. Then, say it again, changing the verb of the dependent clause to agree with each cue you hear. Repeat each correct answer after the speaker's confirmation. Listen to the model.

Speaker: Me alegro que puedan venir.
Student: Me alegro que puedan venir.
Speaker: Tú
Student: Me alegro que puedas venir.
Speaker: Me alegro que puedas venir.
Student: Me alegro que puedas venir.

B. *Patterned translation drill*

Repeat the initial sentence after the speaker. Then, translate the English sentence you hear into Spanish. Repeat each correct response after the speaker's confirmation.

C. *Play the role of the teacher*

Answer each of the questions that the students have by telling them that you prefer that they do things later. Replace any object nouns with the corresponding object pronouns. Repeat each correct response after the speaker's confirmation. Listen to the model.

Speaker: Profesor, ¿quiere Ud. que escribamos la composición ahora?
Student: No, prefiero que la escriban después.
Speaker: No, prefiero que la escriban después.
Student: No, prefiero que la escriban después.

IV. Listening Activities

A. *Listening comprehension*

You will hear six questions or statements, each followed by three suggested responses. Circle the letter of the correct response. Each item will be read twice.

1. a b c
2. a b c
3. a b c
4. a b c
5. a b c
6. a b c

B. Answering questions

You will hear three short dialogues read twice each. Listen to them carefully. After the second reading of each you will hear some questions. Based on the content of the dialogues, write an answer to each question during the pause provided.

Dialogue 1

1. ....
2. ....
3. ....
4. ....
5. ....

Dialogue 2

1. ....
2. ....
3. ....
4. ....
5. ....
6. ....

Dialogue 3

1. ....
2. ....
3. ....
4. ....
5. ....

Lección 10 PUNTOS DE VISTA

Noticias (*news*) de la comunidad cubana

The following news items appeared on the society page of the newspaper *El Diario Las Américas,* published in Miami, Florida. Read over the items, study the accompanying vocabulary and answer the questions that follow.

Sociales
por CHICHI ALOY

JUEVES 1 DE NOVIEMBRE DE 1984 DIARIO LAS AMERICAS -Pág. 5-C

FIESTA DE QUINCE. Una alegre fiesta conmemoró los soñados quince años de la gentil señorita Silvia Ortega Sepúlveda.

SORTEO DE PREMIOS DEL MUSEO CUBANO. Con fines de realizar el sorteo de los boletos de la rifa de valiosos artículos, con recaudación destinada a la obra cultural que realiza en la comunidad el Museo Cubano de Arte y Cultura, tuvo lugar una reunión dirigida por el doctor Martín Rojas Vallegas.

CUMPLEAÑOS

Nuestras sinceras felicitaciones para la gentil señorita Teresita Bustamante, hija del señor Enrique Bustamante Casas y señora, Josefina Casona de Busto, estimados miembros de nuestros círculos cubanos, con motivo de su cumpleaños.

CUMPLEAÑOS

Cumple un nuevo año el simpático niño Juan Antonio Casal, hijo del señor Juan L. Casal y señora, Milagros León de Casal, estimados miembros de nuestra colonia cubana, y con tal motivo lo felicitamos y le deseamos muchos años más.

BODA. En fecha reciente y durante solemne ceremonia que fue celebrada en la Iglesia Congregacional Plymouth de esta ciudad, unieron para siempre sus destinos la gentil señorita Elena Casagrande, hija del señor José R. Casagrande y señora, Emma de Casasús, y el apreciado caballero señor Juan R. Chávez, hijo del señor Alberto Chávez y señora, Nelia de Chávez, ambas familias de vasto afecto en nuestros círculos hispanoamericanos de Miami.

Vocabulario

PALABRAS AFINES

el **artículo**
   celebrada (celebrar)
la **ceremonia**
el **círculo**
la **colonia**
   congregacional
   conmemorar
   cultural
el **destino**
el **miembro**
   reciente
   sincero
   social
   solemne
   vasto

OTRAS PALABRAS

el **afecto** el cariño
   alegre feliz
   ambas las dos
   apreciado esteemed
la **boda** wedding
el **boleto** ticket
el **caballero** gentleman
el **cumpleaños** birthday

cumplir... años to be . . . years old
desear querer
destinado (*here*) for the benefit of
el **diario** daily
dirigida (dirigir) headed
estimado apreciado
las **felicitaciones** congratulations
felicitar to congratulate
fines: con fines de with the purpose, goal
gentil lovely
la **iglesia** church
el **lugar** place
   tuvo lugar it took place
el **motivo** occasion; reason
la **obra** work
el **premio** prize
la **recaudación** collection
la **reunión** gathering, get-together
la **rifa** raffle
soñado long-awaited
el **sorteo** drawing
tal such
unieron (unir) they joined
valioso que tiene valor

1. ¿Quiénes se casaron?

   ....

2. ¿Dónde celebraron la boda?

   ....

3. ¿Cómo están los esposos?

   ....

4. ¿Quiénes cumplieron años?

   ....

5. ¿Cómo es la señorita Teresita Bustamante?

   ....

6. ¿De qué son miembros sus papás?

   ....

Name.. Section............................ Date..........................

7. ¿Por qué felicitan a Juan Antonio Casal?

   ....

8. ¿Qué le desean?

   ....

9. ¿Es joven o viejo Juan Antonio Casal?

   ....

10. ¿Para qué es el sorteo de boletos?

    ....

11. ¿Qué dan en la rifa?

    ....

12. ¿Cómo era la fiesta de las quince primaveras?[1]

    ....

13. ¿Cómo es la señorita que está en la foto?

    ....

14. ¿Qué ropa lleva?

    ....

---

[1] In Spanish-speaking countries, young women celebrate their fifteenth birthday as some young women in the U.S. mark their "sweet sixteen."

LECCIÓN 11

WORKBOOK EXERCISES

REVIEW OF PRETERIT-IMPERFECT CONTRAST

A. Rewrite the following paragraph in the past. Select either the preterit or the imperfect for each boldface verb.

Consuelo Vargas **piensa** ir al banco hoy, pero no **puede.** Le **hace** falta cobrar un cheque y depositar su sueldo en su cuenta corriente. El banco **queda** cerca de su oficina. **Sale** para el banco a la hora del almuerzo. Cuando **está** a una cuadra (*block*) del banco **se encuentra** con su amigo Pablo Llano, quien **está** muy triste. Consuelo **saluda** a Pablo y le **pregunta** por qué **parece** tan triste. Pablo **empieza** a contarle (*tell her*) todos los problemas que **tiene** con su novia. Le **dice** que su novia ya no **quiere** casarse, que **quiere** estudiar para ingeniera, y que él **cree** que ella **sale** con otro muchacho. Consuelo **pasa** casi una hora con Pablo; cuando **vuelve** a mirar su reloj ya **son** las dos. Ella **tiene** que volver a su oficina sin ir al banco.

ESTRUCTURAS 2–4

B. Complete the second exchange of each conversation with an appropriate clause in the present subjunctive.

Modelo: —No me gusta este sándwich.
—Entonces es mejor que... (no lo comas, pidas otra cosa, vayamos a otro restaurante, *etc.*)

1. —Estoy sin trabajo desde febrero.

   —Te aconsejo que ....

2. —Sólo hace cincuenta grados hoy.

   —Es una lástima que ....

3. —¿No sabes? Tengo miedo de viajar a California en avión.

   —En ese caso es mejor que ....

4. —Isabel y Joaquín van a casarse el domingo.

   —Ojalá que ....

5. —Señor, su esposa tiene que firmar la tarjeta blanca.

   —Cómo no. Le digo que ....

6. —Siempre tenemos que retirar más plata de nuestra cuenta.

   —Es triste que ....

7. —Mis papás van a pasar sus vacaciones en Caracas.

   —Me alegro que ....

8. —Hay tantos platos ricos en la carta, ¿verdad?

   —Sí, vamos a pedirle a la camarera que ....

C. You work in a bank. You have to explain to a couple what they have to do to accomplish their transactions. Write a full sentence beginning with **Es necesario que Uds.** for each of the phrases listed below. You will have to use the subjunctive in each case.

Modelo: (buscar una planilla)
→Es necesario que Uds. busquen una planilla.

1. (llenar la planilla amarilla)

   ....

2. (hacer un cheque)

   ....

3. (abrir una cuenta conjunta)

   ....

4. (traer la libreta para sacar dinero)

　　　..

5. (firmar esta tarjeta blanca)

　　　..

6. (pasar a la otra ventanilla)

　　　..

7. (ir a otro banco para cambiar los pesos mexicanos)

　　　..

8. (tener un mínimo [*a minimum*] de doscientos dólares en la cuenta)

　　　..

D. Complete each of the following sentences with an appropriate response. Use the present subjunctive in the dependent clause.

1. Nosotros los estudiantes queremos que nuestros profesores ....

2. Si mis padres no me pueden dar más dinero, es posible que ....

3. A mis papás no les gusta que ....

4. ¿Por qué te sorprende tanto que ....

5. Todos nuestros amigos prefieren que nosotros ....

6. ¡Es una lástima que en nuestra universidad ....

7. El banco me prohibe que ....

8. Mi mamá siempre me aconseja que ....

ESTRUCTURA 5

E. Complete each sentence with the correct form of the adverb derived from the adjective in parentheses.

   Modelo: Hicieron eso .... (fácil). →Hicieron eso fácilmente.

   1. En el barrio viven .... (pobre).

   2. (Feliz) ...., Ramón terminó el informe.

   3. Cuando le dijimos al niño que no podía ir, nos miró .... (triste).

   4. Tuve que hablar con ese cajero .... (personal).

   5. Allí .... (probable) vamos a verlos.

   6. Nos lo explicó .... (maravilloso).

TRADUCCIÓN

F. Carolina has just moved into a new neighborhood. Her friend Jimena is helping her get settled. Translate their conversation into Spanish.

   Carolina –I think I'm going to like this neighborhood. Tomorrow I want you to show me the stores and the restaurants that you like.

   Jimena –Of course. Say, I wanted to ask you if you wanted to open an account in one of the banks in (*of*) the neighborhood.

   Carolina –Good idea. I still don't know the banks around here.

   Jimena –In that case I advise you to find one today. I don't think that it's good to wait. Do you want me to take you to my bank?

   Carolina –If you don't mind. I should open a checking account right away.

   Jimena –In that case, it's better that you come with me this afternoon. I have to cash a check and you can open your account.

Name.. Section............................... Date............................

COMPOSICIÓN

G. Write a paragraph about a banking experience, or a typical trip to the bank. Discuss the nature of your transaction—opening or closing a savings account, opening a checking account, having your interest computed, cashing a check, depositing or withdrawing funds, etc. Tell what bank you go to, if you wait in line, who attends to you at the window, etc. Use the present subjunctive wherever possible.

Name.. Section............................ Date...........................

Lección 11 LABORATORY WORKSHEET

I. Iniciación

Repeat each phrase or sentence after the speaker.

II. Continuación

Now listen to the following conversation between Victoria and Isabel.

III. Pronunciación

Practice the Spanish /x/ sound. This sound is represented in Spanish spelling by the letter **g** before **e** and **i** and by the letter **j**.

Spanish-speaking people from the Caribbean, from Venezuela, and from most of Central America use a sound similar to the sound of English *h* instead of the /x/. Repeat each of the following words, phrases, and sentences after the speaker in the pauses provided.

joven	la gente	Joaquín era ingeniero.
jueves	el colegio	La mujer trajo a sus hijos.
jugo	el traje rojo	El cajero se quejó del trabajo.
Jorge	Juanito está mejor.	

IV. Structure Drills

A. The present subjunctive of irregular verbs

Answer each of the speaker's questions by saying that you do not want the people to do the things asked about. Replace any object nouns by the corresponding object pronouns. Repeat each correct response after the speaker's confirmation. Listen to the model.

Speaker: ¿Debo hacer la cena?
Student: No, no quiero que la hagas.
Speaker: No, no quiero que la hagas.
Student: No, no quiero que la hagas.

B. The present subjunctive in noun clauses

Repeat each original Spanish sentence after the speaker. Then, translate each English sentence you hear into Spanish. The speaker will confirm the correct response.

1. Te aconsejo que vayas al banco.
2. Impiden que saquemos buenas notas.
3. Mamá insiste en que sus hijos se levanten temprano.

C. The present subjunctive after impersonal expressions

Repeat each pair of sentences after the speaker. Then, when you hear the tone, combine them into a single sentence containing an impersonal expression followed by a dependent clause with the verb in the present subjunctive. Repeat each correct response after the speaker's confirmation. Listen to the model.

Speaker: Juan no puede venir. Eso es malo.
Student: Juan no puede venir. Eso es malo.
(*tone*)
Es malo que Juan no pueda venir.
Speaker: Es malo que Juan no pueda venir.
Student: Es malo que Juan no pueda venir.

V. Listening Activities

A. *Listening comprehension*

You will hear five questions or statements, each followed by three suggested responses. Circle the letter of the correct response. Each item will be read twice.

1. a b c   3. a b c   5. a b c
2. a b c   4. a b c

B. *Answering questions*

You will hear three short dialogues read twice. Listen to them carefully. After the second reading of each dialogue the speaker will read some questions to you. For each question, select the correct answer from the choices appearing on your worksheet.

Dialogue 1:

1. a. Están en una tienda.
   b. Están en un banco.
   c. Están en un colegio.
2. a. Quiere escribir un cheque.
   b. Quiere una libreta de ahorros.
   c. Quiere depositar su cheque.

Dialogue 2:

1. a. La dependienta y la clienta.
   b. La cajera y la clienta.
   c. Dos amigas.
2. a. No tiene dinero.
   b. No trajo su tarjeta de crédito.
   c. No conoce el almacén.
3. a. Hoy se pueden conseguir muchas gangas.
   b. Están todas cerradas.
   c. Se olvidaron de traer la tarjeta.

Dialogue 3:

1. a. Una esposa y su esposo.
   b. La cajera y un cliente.
   c. Dos empleados de banco.
2. a. No tienen dinero en la cuenta corriente.
   b. El banco está cerrado.
   c. Les hace falta plata para el fin de semana.
3. a. Sí, no tienen otra.
   b. No, tienen cien dólares.
   c. No, tienen una cuenta de ahorros también.

Name.. Section.............................. Date..............................

Lección 11 PUNTOS DE VISTA

La banca (banking)

The following ad appeared in *Vistazo,* a weekly magazine published in Quito, Ecuador. After reading the ad carefully and studying the vocabulary, answer the questions based on the information in the ad. Does the Banco del Progreso serve *your* needs?

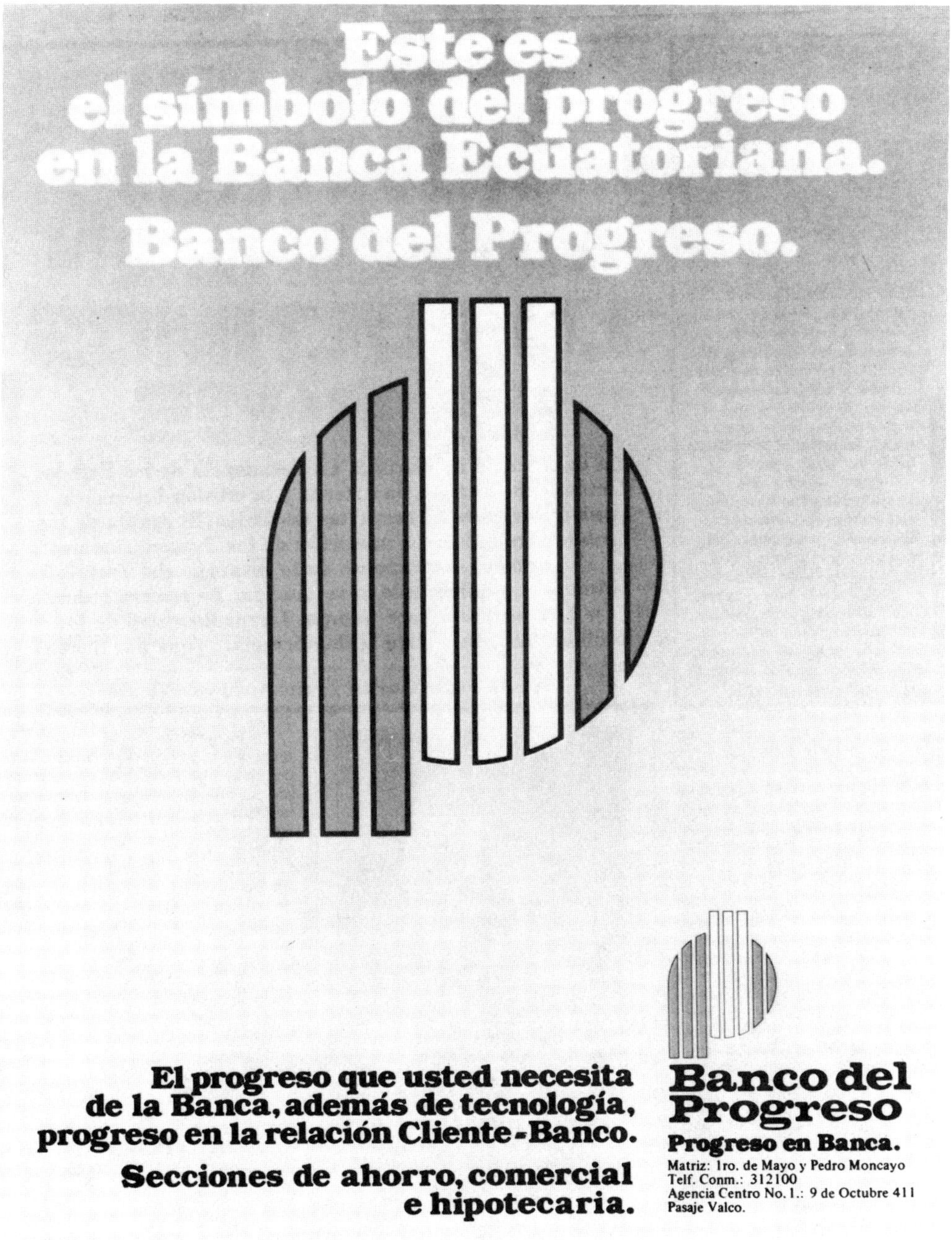

Este es
el símbolo del progreso
en la Banca Ecuatoriana.
Banco del Progreso.
El progreso que usted necesita
de la Banca, además de tecnología,
progreso en la relación Cliente-Banco.
Secciones de ahorro, comercial
e hipotecaria.
Banco del
Progreso
Progreso en Banca.
Matriz: 1ro. de Mayo y Pedro Moncayo
Telf. Conm.: 312100
Agencia Centro No. 1.: 9 de Octubre 411
Pasaje Valco.

Vocabulario

PALABRAS AFINES
la **agencia**
   comercial
el **progreso**
la **relación**
el **símbolo**
la **tecnología**
el **teléfono**

OTRAS PALABRAS
además (de) besides

la **banca** banking
hipotecario pertaining to a mortgage
   (= **la hipoteca**)
matriz main, principal

ABREVIATURAS
1ro. = Primero first
Conm. = Conmutador (Teléfono Conmutador) telephone number connecting all offices
Telf. = Teléfono

1. ¿Qué letra (*letter*) es el símbolo del Banco del Progreso?

   ....

2. ¿Qué relación es necesaria?

   ....

3. Según el anuncio, ¿qué necesita Ud. de la banca?

   ....

4. ¿Qué secciones tiene el Banco del Progreso?

   ....

5. ¿Cuál es la dirección de la oficina principal?

   ....

6. ¿Cuáles calles tienen fechas como nombre (*name*)?

   ....

7. ¿Cuál es el teléfono principal?

   ....

LECCIÓN 12

WORKBOOK EXERCISES

ESTRUCTURA 1

A. Complete the following story about a trip to the supermarket with the appropriate negative or affirmative words.

1. Hoy tuve que ir solo al supermercado porque .... pudo ir conmigo.

2. Primero llamé a Juan. Él no pudo ir. Llamé a Consuelo .... , pero ella no pudo ir ....

3. No llamé a Enrique porque él .... quiere ir al supermercado—cada vez que lo llamo dice que no puede.

4. Mi amiga Luisa siempre quiere ir al supermercado, pero hoy .... ella pudo.

5. Me hacían falta varias cosas. Quería comprar carne, pero no tenían .... bueno.

6. No me gustó .... la carne .... el pollo. Por eso compré pescado, aunque no me gusta tanto.

7. Después vi a .... que yo conocía—era la señora Carrasco.

8. Ella me dijo que ya había ido a dos supermercados diferentes y que .... supermercado tenía carne buena hoy.

9. Ella había escogido un pescado para su cena ....

10. Yo quería comprar .... una torta .... unas galletas.

11. La señora Carrasco me dijo que ella no podía comer .... torta .... galletas, porque su médico se lo había prohibido.

12. Por eso, ella compraba .... frutas para el postre.

ESTRUCTURA 2

B. What's going on at the office? It's early at this Latin American company. Rewrite each sentence in the present perfect to tell what you see (or don't see!) at the office when you arrive there early in the morning.

1. El jefe no llega.

....

2. Los secretarios no empiezan a trabajar.

   ....

3. Uno de ellos hace el café.

   ....

4. Nadie llama todavía.

   ....

5. La señorita Díaz va a buscar unos pasteles.

   ....

6. No vuelve todavía.

   ....

7. Una de las secretarias me ve.

   ....

8. Me invita a tomar un café con ella.

   ....

9. Les digo que vengo a ver al señor Caballero.

   ....

10. Me piden que espere.

    ....

C. Say that everyone has gotten dressed already. Use the verb **vestirse** in the present perfect to answer the following questions.

   Modelo: –¿Todavía tienen que ponerse la ropa?
   –No, ya se han vestido.

   1. ¿Todavía tienes que ponerte la ropa?

      ....

   2. ¿Los niños todavía tienen que ponerse la ropa?

      ....

   3. ¿Ustedes todavía tienen que ponerse la ropa?

      ....

   4. ¿Tu hermano todavía tiene que ponerse la ropa?

      ....

Name.. Section............................ Date..........................

D. Say that everyone has told Margarita to come. Use the verb **decir** in the present perfect to answer the following questions.

   Modelo: –¿La profesora quiere ver a Margarita?
   –Sí, ya le ha dicho que venga.

   1. ¿Ustedes quieren ver a Margarita?

   ....

   2. ¿Los médicos quieren ver a Margarita?

   ....

   3. ¿Quiere usted ver a Margarita?

   ....

   4. ¿El vecino quiere ver a Margarita?

   ....

E. Say it's too bad no one brought the chemistry book he needed. Use the verb **traer** in the present perfect to respond to each of the following statements.

   Modelo: –Juan no tiene el libro de química que le hace falta.
   –¡Qué lástima! ¿Por qué no lo ha traído?

   1. Los estudiantes no tienen el libro de química que les hace falta.

   ....

   2. Ustedes no tienen el libro de química que les hace falta.

   ....

   3. Tú no tienes el libro de química que te hace falta.

   ....

   4. Paula y yo no tenemos el libro de química que nos hace falta.

   ....

ESTRUCTURA 4

F. Complete the following story by supplying the correct form of the adjectives in parentheses.

   1. (primero)   Ayer comimos en un restaurante del centro. Fue la .... vez que comimos allí.

   2. (bueno)   Es un .... restaurante. Todo nos gustó mucho.

3. (grande) Han contratado a un .... cocinero.

4. (tercero) Es su .... año allí.

5. (ninguno) .... cocinero puede preparar las sopas como él.

6. (alguno) Sirven comida francesa en el restaurante, pero también hay .... platos españoles.

7. (uno) Mi esposo probó dos postres, pero yo pedí solamente ....

8. (grande) Yo nunca puedo comer dos postres ....

ESTRUCTURA 5

G. Where's the next one? Using ordinal numbers as in the model, ask where the next person or thing is that you were expecting.

Modelo: –Hay seis libros en la mesa.
–¿Seis? ¿Y dónde está el séptimo?

1. Hay cinco estudiantes aquí.

   ....

2. Hay un lápiz en la mesa.

   ....

3. Hay tres planillas en la libreta.

   ....

4. Hay ocho profesores en la oficina.

   ....

5. Hay siete botellas en la cocina.

   ....

6. Hay nueve operarias en la fábrica.

   ....

TRADUCCIÓN

H. Translate into Spanish the following paragraph about a dedicated doctor.

1. Doctor Alameda has been working in our clinic for two years.

   ....

2. No other doctor devotes himself to his profession like he does.

   ....

3. He has helped so many people with so many different illnesses.

   ....

4. He has never said he is too tired to **(para)** treat someone.

   ....

5. Doctor Alameda teaches his patients to **(a)** take care of themselves.

   ....

6. He neither complains nor gets angry. He loves his work.

   ....

COMPOSICIÓN

I. Write a paragraph about some medical experience you have had. Describe the illness or accident, including when it happened, what the symptoms were, where you went for medical attention, what the examination was like, what you were told to do to get better, what medication you had to take. State also how long it took to get well and how you feel now. Use the present perfect wherever possible.

....

....

....

....

....

....

....

....

....

....

....

....

....

Name.. Section............................ Date...........................

Lección 12 LABORATORY WORKSHEET

I. Iniciación

Repeat each phrase or sentence after the speaker.

II. Continuación

Listen to the diary of the Colombian doctor.

III. Pronunciación

The Spanish /y/ sound. The Spanish /y/ sound is represented in writing by the letter **y** or by **ll**. It is pronounced with much more muscle tension than the /y/ sound of English. Repeat each of the following words, phrases and sentences after the speaker in the pauses provided. Imitate carefully the pronunciation of the /y/ sound.

yo	ya	llegar	llevar	maravilloso
llover	allí	allá	ayer	desayuno
me llamo				
la planilla				

Yo lo llamé ayer.
En mayo llueve allí.
Llevó un cuchillo amarillo.
Juan Padilla llega a la ventanilla.

IV. Structure Drills

A. *Negative and indefinite words*

Answer each of the speaker's questions in the negative, using the appropriate negative word that corresponds to the affirmative or indefinite word of the question. Repeat each correct response after the speaker's confirmation. Listen to the model.

Speaker: ¿Tienes algo?
Student: No, no tengo nada.
Speaker: No, no tengo nada.
Student: No, no tengo nada.

B. *The present perfect*

Repeat each of the following sentences after the speaker. Then, when you hear the tone, say it again, changing the verb from the present to the present perfect. Repeat each correct response after the speaker's confirmation. Listen to the model.

Speaker: Abrimos la puerta.
Student: Abrimos la puerta.
  (*tone*)
  Hemos abierto la puerta.
Speaker: Hemos abierto la puerta.
Student: Hemos abierto la puerta.

C. *The present perfect*

Answer each of the speaker's questions affirmatively using the present perfect. Replace all direct object nouns by the corresponding object pronouns. Repeat each correct response after the speaker's confirmation. Listen to the model.

Speaker: ¿Ustedes han cobrado el cheque?
Student: Sí, lo hemos cobrado.
Speaker: Sí, lo hemos cobrado.
Student: Sí, lo hemos cobrado.

V. Listening Activities

A. *Listening comprehension*

You will hear seven questions or statements, each followed by three suggested responses. Circle the letter of the correct response. Each item will be read twice.

1. a b c
2. a b c
3. a b c
4. a b c
5. a b c
6. a b c
7. a b c

B. *True/false*

You will hear a paragraph read twice. After the second reading the speaker will read a series of seven statements, twice each. Based on the content of the paragraph, indicate on your worksheet whether each statement is true or false. Listen to the paragraph.

1. T F
2. T F
3. T F
4. T F
5. T F
6. T F
7. T F

Name.. Section............................. Date........................

Lección 12 PUNTOS DE VISTA

Finding a doctor

In Spanish-speaking countries doctors are allowed to advertise their services. With the help of the accompanying vocabulary, read the following two ads and answer the questions based on the information given. The first ad is for the services of a Venezuelan gastroenterologist from the major Caracas newspaper *El Universal*. The other is for a homeopathic center in Bogotá taken from the Colombian newspaper *El Tiempo*.

Dr. ANTONIO J. ALFONZO M.
VIAS DIGESTIVAS, RAYOS X
ENFERMEDADES DEL ESTOMAGO, HIGADO,
VESICULA, COLON

Consultas: Lunes a Viernes de 7:00 a.m. a 12:00 m. Tardes: 5 a 7 - PREVIA CITA Dirección: Ave. La Salle, Edificio "BUCARAL", 6° Piso, Consultorio 65, Los Caobos. Teléfonos Consultorio: 781.3951 - Información: 781.9024 - Habitación: 964.8839. V° B° del Colegio de Médicos del Dtto. Federal.

ESTA ENFERMO

Quiere curarse con Medicina Homeopática y Botánica en el **Centro Internacional Homeopático** tratamientos rápidos del sistema nervioso, inseguridad, cansancio general, stres mental, insomnio, problemas digestivos, angustia, ansiedad y otras enfermedades.

Dr. JESUS VELEZ R. Médico Homeópata, Reg. Médico M.H. 27 del D.E, Reg. 07 de Medicina Homeopática de Salud Pública de Cundinamarca.

Servicio de Medicina y Farmacia Homeopática y Odontología.
PEDIR CITA CON DOS DIAS DE ANTICIPACION

Dirección: Transversal 38 No. 105-85 (Pasadena Norte). Tel 2536074, Bogotá, Colombia.

Vocabulario

PALABRAS AFINES

el **colon**
  curarse to be cured
  digestivo
  general
el **homeópata**
  homeopático
la **información**
el **insomnio**
  internacional
  mental
el **número**
  público
  rápido
el **rayo X**
el **servicio**
el **sistema**
el **stres**

el **teléfono**
el **tratamiento** treatment (*compare* **tratar**)

OTRAS PALABRAS

la **angustia** anguish
la **ansiedad** anxiety
  (*Span.* -dad = *Engl.* -ty)
la **anticipación** advance
la **botánica** traditional system of herbal cures
el **cansancio** fatigue (*compare* **cansado**)
la **cita** appointment
el **Colegio de Médicos** Medical Association
la **consulta** medical appointment
el **consultorio** doctor's office
  Cundinamarca province of Colombia where Bogotá, the capital, is located

el **Distrito Federal** Federal District, *i.e.*,
the capital city of Caracas
la **habitación** residence
el **hígado** liver
la **inseguridad** insecurity (*cf.* **seguro**)
la **odontología** dentistry
el **piso** floor, story
previa cita previous appointment
la **Transversal** cross street
la **vesícula** gall bladder

la **vía** tract (*medical*)

ABREVIATURAS

Dtto. = **distrito**
m. = **mediodía** noon
Reg. Médico M.H. 27 del D.E. Reg. 07
medical license number
Vº Bº = **Visto Bueno** approved,
authorized to practice

Note also the abbreviation of the mother's maiden name as a single letter in the names of these doctors: Dr. Antonio J. Alfonzo **M.** and Dr. Jesús Vélez **R.**

1. ¿A cuál de los dos médicos vamos a ir si tenemos náuseas o dolor de estómago?

   ....

2. ¿Cuál es el horario del doctor Alfonzo?

   ....

3. ¿Qué es «Bucaral»?

   ....

4. ¿En qué piso se encuentra el consultorio?

   ....

5. ¿Cuáles son los tres números de teléfono que ha puesto el doctor Alfonzo en su anuncio?

   ....

6. ¿De quiénes ha recibido el permiso (*permission*) de ejercer (*practice*) su profesión?

   ....

7. ¿Sufre Ud. del hígado? ¿Del colon? ¿De las vías digestivas?

   ....

8. ¿Cuáles son los problemas médicos que tratan en el Centro Internacional Homeopático de Bogotá?

   ....

9. ¿Sufre Ud. de algunos de estos problemas?

   ....

10. ¿Cree Ud. en la medicina homeopática?

    ....

11. ¿Son largos o cortos los tratamientos del doctor Vélez?

    ....

Name.. Section............................ Date........................

12. ¿Puede Ud. comprar los remedios homeopáticos allí en el Centro? ¿Por qué dice Ud. que sí o que no?

   ....

   ....

13. ¿Exigen los dos médicos que sus pacientes pidan una cita antes de venir al consultorio?

   ....

14. ¿Cuándo hay que pedir cita para ver al doctor Vélez?

   ....

15. ¿Por qué cree Ud. que los médicos prefieren ver a sus pacientes con cita previa?

   ....

   ....

Name.. Section.......................... Date......................

LECCIÓN 13

WORKBOOK EXERCISES

ESTRUCTURA 1

A. Explain to a Latin American immigrant what the procedures are for getting a green card at the immigration office. Use the **se**–construction (or **uno** with a reflexive verb) in each case.

Modelo: entrar en esta oficina →Se entra en esta oficina.

1. solicitar la tarjeta verde aquí

   ....

2. pedir los formularios

   ....

3. sentarse aquí

   ....

4. llenar los formularios

   ....

5. firmar todos los formularios

   ....

6. hablar con los agentes

   ....

7. pasar a la otra oficina

   ....

8. conseguir la tarjeta verde allí

   ....

B. Now use five sentences similar to those in Exercise A to explain to a new student from Latin America how to register for courses at your university.

1. ....

2. ....

3. ....
4. ....
5. ....

ESTRUCTURA 2

C. Answer each of the following questions using the cue in parentheses in your response.

   Modelo: —¿Qué se le rompió? (el abrigo)
   —Se le rompió el abrigo.

   1. ¿Qué se te cayó?   (los platos)

   ....

   2. ¿Qué se me perdió?   (el paraguas)

   ....

   3. ¿Qué se les olvidó a Uds.?   (depositar el cheque)

   ....

   4. ¿Qué se le rompió a Ud.?   (los lentes de contacto)

   ....

   5. ¿Qué se les acabó a tus tíos?   (los ahorros)

   ....

   6. ¿Qué se le quedó a Miguel en casa?   (la libreta de banco)

   ....

D. What a day! Tell all the bad things that have happened to you today using the **se**–construction with an indirect object pronoun.

   1. I lost my math book.

   ....

   2. I dropped my glasses.

   ....

   3. My glasses broke.

   ....

   4. I ran out of money.

   ....

Name... Section............................ Date.........................

5. I left my pens at home.

   ....

6. I forgot to do my composition.

   ....

E. Now redo Exercise D telling all the unexpected complications that arose for you and a friend today. Again, use the **se**–construction with an indirect object pronoun.

1. We lost our math book.

   ....

2. We dropped our glasses.

   ....

3. Our glasses broke.

   ....

4. We ran out of money.

   ....

5. We left our wallets at home.

   ....

6. We forgot to do our report.

   ....

ESTRUCTURA 3

F. Whatever your friend wants is all right with you. Tell him so, using an adjective clause in the present subjunctive.

   Modelo: —¿Qué libro me vas a traer?
   —Te voy a traer el libro que quieras.

   1. ¿En qué tienda vamos a comprar?

      ....

   2. ¿Qué postre me vas a preparar?

      ....

   3. ¿Qué informe me vas a enseñar?

      ....

4. ¿A qué librería me vas a llevar?

   ....

ESTRUCTURA 4

G. You and your friend are the bosses. Your employees are waiting for whatever instructions you give them. Respond to each question using an adverb clause in the present subjunctive beginning with **según, como,** or **donde.**

   Modelo: —¿Cómo van a escribir la carta los empleados?
   —Van a escribirla según (como) les digamos.

   1. ¿Dónde van a sentarse los empleados?

      ....

   2. ¿Cómo van a preparar el informe los empleados?

      ....

   3. ¿Dónde van a almorzar los empleados?

      ....

   4. ¿Cómo van a hacer este trabajo los empleados?

      ....

H. Whatever the person you are talking to wants is all right. Tell him or her so by completing each of the responses with an appropriate adjective or adverb clause in the present subjunctive.

   Modelo: —No sé qué plato debo escoger.
   —Puedes escoger *el plato que te guste*. (whichever dish you like)

   1. –¿Dónde debo sentarme?

      –Ud. puede sentarse (*wherever you want*) ....

      ....

   2. –¿Puedes darme tu lápiz ahora?

      –Voy a dártelo (*although I may need it*) ....

      ....

   3. –¿Qué libro me vas a enseñar?

      –Te voy a enseñar (*whichever book interests you*) ....

      ....

   4. –¿A qué colegio debo mandar a mis hijos?

      –Debes mandarlos (*to whichever school has good teachers*) ....

      ....

Name.. Section............................ Date..........................

5. –¿Qué pastillas debo tomar?

   –Debes tomar *(whichever pills don't cause nausea)* ....

   ....

6. –¿Cómo debo gastar este dinero?

   –Debes gastarlo *(however you want to)* ....

   ....

7. –¿Cómo vas a poner la mesa?

   –Voy a poner la mesa *(according to how you tell me to)* ....

   ....

8. –¿A qué hora van a venir?

   –Van a venir *(at whichever hour you allow)* ....

   ....

TRADUCCIÓN

I. Translate the following story into Spanish.

1. Alfonso Meza and Guillermo Elizondo are from Colombia. They have a visa and have come to the United States to work.

   ....

   ....

2. They want to remain in the United States. They have applied for a *(the)* green card.

   ....

   ....

3. They know that without a green card they can't accept whatever job they want.

   ....

   ....

4. It's not easy to get **(sacar)** the green card. You sit down *(use construction for deemphasized subjects)* in the Immigration Office and you wait all day.

   ....

   ....

153

5. One must (*use* **hay que**) fill out all the forms according to whichever way the officials say and sign them wherever it is necessary.

   ....

   ....

6. Alfonso and Guillermo have all the necessary papers. They hope that today the officials will give them the green card.

   ....

   ....

COMPOSICIÓN

J. Write a paragraph about an experience you have had involving some official procedure. Perhaps you couldn't find your birth certificate when you needed it to get a passport, working papers, a marriage license, or a driver's license; or, having just had a car accident, you realized that you left your driver's license at home, when the policeman asked you for it. Use the following questions as a guide. Make use of the **se**–construction for indefinite subjects and for unplanned occurrences.

¿Se te perdió algún documento importante alguna vez? ¿Cuándo fue eso? ¿Se te olvidó traerlo? ¿Para qué se necesitaba el documento? ¿Quién te lo pidió? ¿Dónde te lo pidieron? ¿Lo encontraste por fin? ¿Dónde se te había quedado?

Name.. Section............................ Date............................

Lección 13 LABORATORY WORKSHEET

I. Iniciación

Repeat each phrase or sentence after the speaker.

II. Continuación

Now listen to the dialogue between Francisco Colón and the official at the Immigration Office.

III. Pronunciación

Spanish **n**. In spoken Spanish the sound /n/ changes to [m] before **p, b,** and **v,** even if the **n** and the **p, b,** or **v** are in different words. Notice that **v** is pronounced **b** after **n**. Repeat each of the following phrases and sentences after the speaker in the pauses provided. Make sure you pronounce **n** as **m** before **p, b,** and **v.**

un poco	Ellos no tienen visa.
un banco	Son bonitas.
un papel	No manejó en Bogotá.
con Victoria	Es tan pobre.
en invierno	Es un buen vino.
sin pasaporte	Vivía en Venezuela.
en Brasil	Según veo, quieren votar.
Están perfectamente.	

IV. Structure Drills

A. Se–*constructions for indefinite or deemphasized subjects*

Answer each of the speaker's questions using the **se**–construction. Say in each case that no one does what is asked about because it isn't done here. Repeat each correct response after the speaker's confirmation. Listen to the model.

Speaker: ¿Quién compra lápices aquí?
Student: Nadie. Aquí no se compran lápices.
Speaker: Nadie. Aquí no se compran lápices.
Student: Nadie. Aquí no se compran lápices.

B. Se–construction *plus* indirect object pronoun *for unplanned occurrences*

Tell the speaker that everyone dropped the things asked about, and that they also broke. Use the **se**–construction plus an indirect object pronoun in your answer. Repeat each correct response after the speaker's confirmation. Listen to the model.

Speaker: ¿A Francisco se le cayeron los anteojos?
Student: Sí, se le cayeron y se le rompieron.
Speaker: Sí, se le cayeron y se le rompieron.
Student: Sí, se le cayeron y se le rompieron.

Now tell the speaker that nobody has any more of what is asked about. Use the preterit of **acabársele a alguien** in your answer. Repeat each correct response after the speaker's confirmation. Listen to the model.

Speaker: ¿Alicia no tiene más pan?
Student: No, se le acabó.
Speaker: No, se le acabó.
Student: No, se le acabó.

C. Subjunctive / indicative contrasts: adjective and adverb clauses

Repeat each initial Spanish sentence after the speaker. Then translate the English sentences based on it into Spanish. Repeat each correct response after the speaker's confirmation.

V. Listening Activities

A. Listening comprehension

You will hear five questions or statements, each followed by three suggested responses. Circle the letter of the correct response. Each item will be read twice.

1. a b c 3. a b c 5. a b c
2. a b c 4. a b c

B. Answering questions

You will hear a paragraph read twice. Listen to it carefully. After the second reading you will hear five questions read twice each. Based on the content of the paragraph, write an answer to each question during the pause provided.

1. ....
2. ....
3. ....
4. ....
5. ....

C. Answering questions

You will hear a dialogue read twice. Listen to it carefully. After the second reading answer the following questions, which are based on the content of the dialogue.

1. ¿Cuál es el problema que tiene Pedro?

   ....
   ....

2. ¿De dónde es Pedro?

   ....

3. ¿Entró legalmente o ilegalmente a los Estados Unidos esta vez?

   ....

Name.. Section............................ Date..........................

4. ¿Por qué le aconseja María a Pedro que vaya a la Oficina de Inmigración?

   ....

   ....

5. ¿Por qué no le gusta a Pedro la idea de ir a esa oficina?

   ....

   ....

Lección 13 PUNTOS DE VISTA

Filling out forms and applications

Filling out forms is part of life in all countries. Here is a job application form from Venezuela issued by one of the country's important banks. See if you can fill out the application and answer the questions after studying the vocabulary that follows each side of the form.

Banco Nacional de Descuento
CAPITAL Bs. 400 000 000

DEPARTAMENTO DE PERSONAL

OFERTA DE SERVICIO

FOTOGRAFIA NO ANTERIOR A 6 MESES
TAMAÑO CARNET

Para uso interno

Para considerar su solicitud debe suministrar todos los datos exigidos en ella. Favor llenar a mano.

Apellidos	Nombres	Cédula de Identidad
Empleo que solicita	Sueldo que aspira	Fecha disponible	N° Libreta Militar

Nacionalidad	Lugar de Nacimiento	Fecha de Nacimiento	Edad	Peso	Estatura

Profesión u Oficio	Estado Civil: Soltero ☐ Casado ☐ Viudo ☐ Divorciado ☐	Observación:

N° Seguro Social	Dirección	Teléfono Of. Hab.
Zurdo ☐ Derecho ☐		

Forma más fácil de hacer contacto con usted	Teléfono

FAMILIARES

PARENTESCO	NOMBRE Y APELLIDOS	VIVE	OCUPACION	DIRECCION
Madre				
Padre				
Cónyuge				

HIJOS

NOMBRE	FECHA NAC. D M A	NOMBRE	FECHA NAC. D M A	NOMBRE	FECHA NAC. D M A

OTRAS PERSONAS QUE SOSTIENE Y QUE VIVEN CON USTED

NOMBRE	PARENTESCO	EDAD	NOMBRE	PARENTESCO	EDAD

Personas conocidas en el Banco ....
Familiares que trabajan en el Banco ....
Familiares que trabajan en otros Bancos ....

Vocabulario (side one)

PALABRAS AFINES

el **contacto**
el **departamento**
el **descuento**
la **fotografía**
  interno
  militar
  nacional
el **número**
la **observación**
la **ocupación**
el **personal**
el **seguro social**
el **teléfono**
el **uso**

OTRAS PALABRAS

anterior   prior, previous
el **apellido**   family name
aspirar   (*here*) to desire
el **carnet**   identity card or document
la **cédula de identidad**   national ID card
considerar   (*here*) to be considered
el **cónyuge**   el esposo o la esposa
los **datos**   data, information
disponible   available
la **edad**   age
el **estado civil**   marital status
la **estatura**   height
el **familiar**   persona de la familia, pariente
favor   por favor
la **forma**   way, manner
el **lugar**   place
el **nacimiento**   birth (*cf.* **nacer**)
el **nombre**   given name
la **oferta de servicio**   offer of services, application for work
el **oficio**   trade, line of work
el **parentesco**   relationship (*of relatives*)
sacar una fotografía   to take a picture
la **solicitud**   planilla con que se solicita un empleo
soltero   se dice de la persona no casada
sostener   (*conjugated like* **tener**) to support (*economically*)
suministrar   to supply
el **tamaño**   size
el **viudo**   widower (la **viuda**   widow)
vivir   (*aquí*) no estar muerto, tener vida
zurdo   left-handed

ABREVIATURAS

hab. = habitación   (*home*)
nac. = nacimiento
nº = número

1. ¿Se puede poner en la solicitud una fotografía que se sacó hace un año?

   ....

2. ¿Quiénes pueden escribir donde dice *para uso interno*?

   ....

3. ¿Quiere el banco que la persona que solicita trabajo llene el formulario a máquina (*on a typewriter*)?

   ....

4. ¿Qué pasa si faltan datos en la solicitud?

   ....

5. ¿Qué significa (*mean*) la abreviatura **Of.** bajo (*under*) la palabra (*word*) **Teléfono?**

   ....

6. Si la palabra **zurdo** significa una persona que escribe con la mano izquierda, ¿qué significa **derecho** en la solicitud?

   ....

7. ¿Qué se escribe donde dice **Forma más fácil de hacer contacto con usted?**

   ....

Name.. Section............................. Date..........................

E D U C A C I O N						
CURSO	ESCUELA O INSTITUTO	LUGAR	ESPECIALIDAD	AÑOS APROB	\multicolumn{2}{c}{A Ñ O}
					COMEN	TERM
Primaria						
Secundaria						
Comercial						
Universitaria						
Otros Cursos						

CONOCIMIENTOS ADQUIRIDOS

Indique el grado de conocimientos que posee   A: Algunos   B: Buenos   E: Excelentes

TIPO DE TRABAJO	A	B	E	TIPO DE TRABAJO	A	B	E	TIPO DE TRABAJO	A	B	E
Mecanografía				Archivo				Caja			
Taquigrafía				Máquinas de Contabilidad				Contabilidad General			
Correspondencia				Máquinas IBM				Personal			
Secretaria				Perforación IBM				Relaciones con el Público			
Oficina en General				Programación				Supervisión			

Además del español, idiomas que: Habla bien ....

Lee bien .... Escribe bien ....

E X P E R I E N C I A

Historia de los empleos previos comenzando con el último o actual

Organismo o Empresa	Cargos ocupados	Desde	Hasta	Sueldo Inic.	Sueldo final
Nombre último supervisor	Motivo de retiro	\multicolumn{4}{l}{Teléfono}
Organismo o Empresa	Cargos ocupados	Desde	Hasta	Sueldo Inic	Sueldo final
Nombre último supervisor	Motivo de retiro	\multicolumn{4}{l}{Teléfono}
Organismo o Empresa	Cargos ocupados	Desde	Hasta	Sueldo inic	Sueldo final
Nombre último supervisor	Motivo de retiro	\multicolumn{4}{l}{Teléfono}
Organismo o Empresa	Cargos ocupados	Desde	Hasta	Sueldo inic	Sueldo final
Nombre último supervisor	Motivo de retiro	\multicolumn{4}{l}{Teléfono}

REFERENCIAS PERSONALES

✓ Cite tres personas que le conozcan bien, que no sean familiares ni para quien haya trabajado

NOMBRE	OCUPACION	DIRECCION	TELEFONO

Declaro que la información suministrada en esta Oferta de Servicios es verdadera, asimismo autorizo la investigación de los datos en ella contenidos de comprobarse la existencia de datos falsos se invalidará la Oferta de Servicios

Firma del Solicitante   Dia/Mes/Año

Vocabulario (*side two*)

PALABRAS AFINES

autorizar
comercial
la correspondencia
declarar
la educación
la especialidad
excelente
la existencia
falso
final
el grado
el instituto
invalidar
la investigación
ocupar
previo
primario
el público
la referencia
las relaciones
secundario
la supervisión
el supervisor
el tipo
universitario

OTRAS PALABRAS

actual   present
además de   besides
adquirir   to acquire
el **archivo**   filing
asimismo   thus
la **caja**   lugar de trabajo o tipo de trabajo del cajero
el **cargo**   trabajo, empleo
citar   to cite, name
comenzando   beginning
comprobar (o→ue)   to verify
   de comprobarse   if one verifies
los **conocimientos**   knowledge
la **contabilidad**   accounting
contener   to contain
el **curso**   course of study
la **firma**   signature (*cf. firmar*)
indique (*command form of indicar*)
   indicate, mark
le   (*here*) you (*direct object*)
la **máquina**   machine
la **mecanografía**   typing
el **motivo**   reason
el **nombre**   name
el **organismo**   organization
la **perforación**   key punch
poseer   to possess
la **programación**   programming
el **retiro**   withdrawal, quitting
la **secretaría**   secretarial skills
el **solicitante**   la persona que solicita empleo
la **taquigrafía**   stenography
último   last
verdadero   que es verdad

ABREVIATURAS

aprob. = aprobados (*passed*)
comen = comenzado
inic. = inicial
term = terminado

1. ¿Qué tiene que indicar el solicitante para cada instituto o escuela?

   ....

2. ¿Cuáles son los conocimientos que le interesan al Banco Nacional de Descuento?

   ....

3. ¿Cuáles de estos conocimientos posee Ud.? ¿Dónde los adquirió?

   ....

   ....

4. ¿Qué quiere saber el banco sobre los idiomas que sabe el solicitante?

   ....

Name.. Section............................ Date..........................

5. En la historia de los empleos previos, ¿con cuál empleo tiene que comenzar la lista (*list*) el solicitante?

   ....

6. ¿Cuántas referencias personales se piden?

   ....

7. ¿Qué personas no se aceptan como referencias personales?

   ....

8. ¿Qué declara el solicitante al final (*end*) de la página?

   ....

9. ¿Qué pasa (*happens*) si hay datos falsos en la solicitud?

   ....

10. ¿Qué es lo último que se escribe en la solicitud?

    ....

Name.. Section......................... Date........................

LECCIÓN 14

WORKBOOK EXERCISES

ESTRUCTURA 1

A. Respond to each of Mrs. Gómez's questions with an appropriate **Ud.** command. Replace all object nouns with the corresponding object pronouns.

Modelo: —¿Debo firmar la planilla?
—Sí, fírmela Ud.

1. ¿Debo apagar el estéreo?

   ....

2. ¿Necesito guardar estas cortinas?

   ....

3. ¿Necesito poner la televisión?

   ....

4. ¿Debo cerrar las ventanas?

   ....

5. ¿Tengo que hacerle el almuerzo a Julio ahora?

   ....

B. Tell your friend Ricardo not to do certain things that he tells you about now, using a negative **tú** command. Tell him to do them later, using an affirmative **tú** command. Replace all object nouns with the corresponding object pronouns.

Modelo: —Voy a cobrar un cheque ahora.
—No lo cobres ahora. Cóbralo más tarde.

1. Voy a salir detrás de la casa ahora.

   ....

2. Voy a recoger unas manzanas ahora.

   ....

3. Voy a cambiarme la camisa ahora.

   ....

4. Voy a ver a mis hermanos ahora.

   ....

5. Voy a poner el radio ahora.

   ....

6. Voy a hacerte un sándwich ahora.

   ....

C. Respond with **Uds.** commands to your friends' questions about official business and banking transactions, using the cues in parentheses. Replace all object nouns with the corresponding object pronouns.

   Modelo: —¿Dónde firmamos los papeles? (abajo a la derecha)
   —Fírmenlos abajo a la derecha.

   1. ¿Dónde ponemos las planillas? (en la mesa)

      ....

   2. ¿A quién le damos el pasaporte? (al funcionario)

      ....

   3. ¿Adónde llevamos la libreta? (a la ventanilla)

      ....

   4. ¿A qué hora recogemos los formularios? (a las cuatro)

      ....

   5. ¿Con quién vamos a la oficina de turismo? (con la señorita Alarcón)

      ....

   6. ¿Dónde dejamos los documentos? (en el armario)

      ....

ESTRUCTURA 2

D. Look at each of the following pairs of illustrations and write a sentence containing a comparative construction for each.

Name.. Section............................ Date..............................

Modelo:

→La calle es más pequeña que la avenida.
or
→La avenida es más grande que la calle.

1.
   ....
   ....

2.
   ....
   ....

3.
   ....
   ....

4.
   ....
   ....

5. ....
   ....

   Mi casa   tu casa

6. ....
   ....

7. ....
   ....

E. Complete each of the following comparisons of equality by supplying the correct form of **tanto.**

Modelo: Ud. ha trabajado **tanto** como él.
Este examen no es **tan** fácil como el otro.
Teníamos **tantas** ideas como ellas.

1. Linda se puso .... contenta como María.

2. Yo he apagado .... luces como tú.

3. Iris es .... inteligente como su hermano.

4. Uds. se relajan .... como ella.

5. ¿Has viajado .... kilómetros como yo?

6. Nosotros no hemos preguntado .... cosas como los otros chicos.

7. ¿Tienes .... plata como tus tíos?

8. Uds. no corrieron .... como nosotros.

Name.. Section............................ Date..........................

TRADUCCIÓN

F. Translate the following dialogues into Spanish. Be sure to use the appropriate command forms indicated in the English cues.

   (*Two friends relax.*)

   1. Julia, let's sit down a while before we have dinner.

   ....

   ....

   2. O.K. I'm tired, too. I worked a lot today.

   ....

   3. Put on the stereo. I'm going to lie down on the couch.

   ....

   4. Relax. I'm going upstairs to take a shower. I'll be back soon.

   ....

   ....

   (*Mrs. Gómez tells the carrier [delivery man] where to put her new kitchen appliances.*)

   5. Where do you want me to put the washing machine, ma'am?

   ....

   ....

   6. Move it to the right, please. And leave the dryer next to it.

   ....

   ....

   7. Should I put the refrigerator behind the table?

   ....

   8. No, don't put it there. Move it against the blue wall.

   ....

   9. Do you need me to install the dishwasher too?

   ....

   10. Yes, please. Install it at the left of the door.

   ....

COMPOSICIÓN

G. Write a dialogue about an experience (real or imaginary) you have had with moving. You might choose to write exchanges between you and a friend or between you and a mover, etc. Use the command forms wherever possible.

Yo: ¡Qué día de mudanza! ....

X: ....

Yo: ....

X: ....

Yo: ....

X: ....

Yo: ....

X: ....

Yo: ....

X: ....

Yo: ....

X: ....

Name.. Section............................. Date............................

Lección 14 LABORATORY WORKSHEET

I. Iniciación

Repeat each phrase or sentence after the speaker.

II. Continuación

Now listen to the conversations of the Gómez family on moving day.

III. Structure Drills

A. *Command forms directed to someone you address as* usted

Answer each of the following questions with an affirmative **usted** command. Replace each object noun with the corresponding object pronoun. Repeat each correct response after the speaker's confirmation. Listen to the model.

Speaker: ¿Pago la cuenta?
Student: Sí, páguela, por favor.
Speaker: Sí, páguela, por favor.
Student: Sí, páguela, por favor.

B. *Negative command forms directed to someone you address as* tú

Answer each of the following questions with a negative **tú** command. Replace each object noun with the corresponding object pronoun. Repeat each correct response after the speaker's confirmation. Listen to the model.

Speaker: ¿Debo salir esta tarde?
Student: No, no salgas esta tarde.
Speaker: No, no salgas esta tarde.
Student: No, no salgas esta tarde.

C. *Affirmative command forms directed to someone you address as* tú

Get your friend to help you. Answer each of the following questions that the speaker asks by saying that you can't do any of those things and that the speaker should do what was suggested. Replace each object noun with the corresponding object pronoun. Repeat each correct response after the speaker's confirmation. Listen to the model.

Speaker: ¿Vas a escribir la carta?
Student: No, no puedo. Escríbela tú.
Speaker: No, no puedo. Escríbela tú.
Student: No, no puedo. Escríbela tú.

IV. Listening Activities

A. *Listening comprehension*

You will hear six questions or statements, each followed by three suggested responses. Circle the letter of the correct response. Each item will be read twice.

1. a b c   3. a b c   5. a b c

2. a b c   4. a b c   6. a b c

B. True/false

You will hear a paragraph read twice. After the second reading the speaker will read five statements, twice each. Based on the content of the paragraph, indicate on your worksheet whether each statement is true or false. Listen to the paragraph.

1. T F   2. T F   3. T F   4. T F   5. T F

C. Answering questions

You will hear a paragraph read twice. Listen to it carefully. After the second reading answer the questions that appear on your worksheet, based on the content of the paragraph.

1. ¿En qué cuarto va el sofá?

   ....

2. ¿El sofá va a colocarse delante de la ventana o detrás de la puerta?

   ....

3. ¿Qué tiene que dejar el cargador al lado del estéreo?

   ....

4. ¿Dónde quiere la señora que el cargador ponga la cómoda?

   ....

Name.. Section............................... Date............................

Lección 14 PUNTOS DE VISTA

Buscamos casa

Ud. quiere mudarse a un apartamento nuevo en Madrid. Lea estos anuncios en *El País* y trate de encontrar el apartamento (o en España, *el piso*) de sus sueños. Estudie el vocabulario y conteste a las preguntas. ¡Muy buena suerte en su búsqueda (*search*)!

INMOBILIARIA
PISOS (VENTA)

PISOS En conjunto residencial, con jardín y piscina. C / Sulfato, 22. Villaverde Alto. ☎ 796 28 36.

Aluche. 3 dormitorios, calefacción. 3.550.000 total. Facilidades. ☎ 419 09 43.

Prosperidad. 3 dormitorios, barato, facilidades. ☎ 419 10 45.

Saconia. 3 dormitorios, calefacción. 900.000. ☎ 419 01 68.

Estrecho. 2 dormitorios. 2.800.000 total. Facilidades. ☎ 419 09 43.

Moratalaz. 3 dormitorios, calefacción. 600.000. ☎ 419 10 45.

Salamanca, apartamento, aire acondicionado. 800.000. ☎ 419 00 62.

Majadahonda residencial, garaje. 1.300.000. ☎ 441 90 12.

Orense. 2 dormitorios. 950.000. ☎ 441 98 12.

Pacífico, mejor zona. 1.300.000. ☎ 441 99 99.

Dehesa Villa. 3 dormitorios, servicios centrales. ☎ 441 99 09.

Quintana, junto *metro,* 3 dormitorios. ☎ 441 99 99.

Núñez Balboa, apartamento precioso. 800.000. ☎ 441 98 12.

Prosperidad, inmejorable, 3 dormitorios. 1.100.000. ☎ 441 99 99.

Pilar, mejor zona, 2 dormitorios. ☎ 441 98 12.

Vallecas, junto *metro.* 650.000. ☎ 441 99 99.

Arquitectura, 5 (Embajadores). Uno y dos dormitorios, jardín privado. Piso piloto. ☎ 276 20 00.

Leganés. Edificio Asturias. Viviendas protección oficial. 3 dormitorios, cocina amueblada, exterior. 200.000, entrada; 30.000, mes. 15 años. ☎ 276 20 09.

Jerónimos, junto Prado, 1-2 dormitorios, lujo, totalmente amueblados, alquileres semanales-mensuales, 50-100 metros, servicios incluidos. ☎ 228 10 08.

Apartamentos, alquiler semanal, mensual. Climatizados, servicios incluidos. Precios excepcionales largas estancias. Fuencarral, 79. ☎ 433 18 00.

INMOBILIARIA
PISOS (COMPRA)

Necesito piso zona Tirso Molina, Antón Martín, Lavapiés. ☎ 419 62 47.

Urge piso Pacífico, Vallecas, 3 dormitorios. ☎ 419 65 57.

Mecánico precisa piso Usera, Oporto, Vadillo. Contado. ☎ 410 28 49.

Comerciante compra contado zonas Bravo Murillo, Pilar, Tetuán. ☎ 410 27 12.

Ático o buhardilla necesito, con mucha luz. Llamar ☎ 410 27 66.

Zonas Salamanca o Argüelles, urge piso amplio, de contado. ☎ 410 26 84.

Matrimonio busca piso Aluche, 4 dormitorios. ☎ 409 22 94.

Profesional necesita apartamento céntrico. ☎ 409 22 94.

Urge piso, 4 dormitorios, Moratalaz. ☎ 409 22 94.

Director banco compra Aluche, pagaría contado. ☎ 447 53 18.

Arturo Soria, no importa forma pago. ☎ 447 56 53.

Médico, Argüelles, amplio, hasta 8.000.000. ☎ 447 52 15.

Empresa alemana, para apertura delegación Madrid, precisa comprar, buen precio, 10 pisos céntricos, su personal. Contado. ☎ 447 83 00.

Farmacéutico necesita contado, Cartagena-Prosperidad. ☎ 447 80 01.

Médico compra contado. Ópera-Santo Domingo. ☎ 447 81 10.

Sociedad Inversiones Inmobiliaria compra pisos antiguos Argüelles, Chamberí, Salamanca para reformar y alquilar. Pagan contado. ☎ 447 82 50.

Dentista, urge 3-4 dormitorios, Concepción-Quintana, incluso contado. ☎ 447 81 10.

Abogado compra contado, Ventas-Manuel Becerra. ☎ 447 81 10.

Vocabulario

PALABRAS AFINES

el **aire acondicionado**
el **ático**
  central
el **director**
  excepcional
  exterior
la **forma**
el **garaje**
  incluido
el **mecánico**
  oficial
el **parque**
el **personal**
  privado
el **profesional**
la **protección**
  residencial
el **servicio**
  total
  totalmente
la **zona**

OTRAS PALABRAS

  adquiero (adquirir) I acquire
  alquilar to rent
el **alquiler** rental
  amplio grande
  amueblado furnished (*cf.* **los muebles**)
  antiguo viejo
la **apertura** opening
la **buhardilla** garret, attic
la **calefacción** heat
  céntrico (el centro) centrally located, downtown
  climatizado air conditioned
el **comerciante** merchant
la **compra** buying
el **conjunto** complex

  contado: de (al) contado for cash
la **delegación** local office
la **entrada** (*here*) down payment; (*lit.*) entry
la **estancia** stay
las **facilidades** arrangements
el **farmacéutico** pharmacist
  incluso including
  inmejorable unbeatable
la **inmobiliaria** real estate
las **inversiones** investments
el **jardín** garden
  junto (a) next to
el **lujo** luxury
el **matrimonio** married couple
  mensual por mes
el **metro** meter (*Metric system measure; 1 square meter = 10.764 square feet*)
la **oportunidad** la ganga
  pagaría (pagar) I would pay
el **pago (pagar)** payment
el **piloto (piso piloto)** model apartment
la **piscina** swimming pool
el **piso** el apartamento
  piso piloto model apartment
  precioso elegant, lovely
  precisar necesitar
  reformar to redo, to fix up, to remodel
  semanal por semana
la **sociedad** society
  urge (urgir) it's urgent
    úrgeme piso I need apartment urgently
la **venta** selling
la **vivienda** apartamento

ABREVIATURA

  c/ = calle

1. Si Ud. quiere comprar un apartamento con tres dormitorios, ¿qué posibilidades (*possibilities*) hay?

....

....

2. Si Ud. no quiere gastar más de 1.500.000 pesetas por el apartamento, ¿qué hay a ese precio?

....

....

3. Ud. prefiere que haya facilidades de pago. ¿Cuáles anuncios hablan de esto?

....

....

Name.. Section............................. Date.......................

4. ¿Cuáles apartamentos le interesan por tener **garaje**? (jardín, aire acondicionado, calefacción, piscina, lujo)

   ....

   ....

5. Ud. quiere ir en metro de vez en cuando. ¿Cuáles pisos quedan cerca del metro?

   ....

   ....

6. ¿Cuáles anuncios hablan de un piso piloto?

   ....

   ....

7. Según los anuncios, ¿cuáles apartamentos están en la mejor zona?

   ....

   ....

8. Busque Ud. los apartamentos que le interesan en el plano del metro de Madrid. Véase la página 111.

   ....

   ....

9. Si Ud. no compra un apartamento por ahora, es posible que tenga que alquilar uno. ¿Prefiere un alquiler semanal o mensual? ¿Por qué?

   ....

   ....

10. ¿Prefiere los apartamentos que están en la zona de los Jerónimos o los que están en la calle Fuencarral, 79? ¿Por qué? (Note that Prado = El Museo del Prado, el famoso museo de arte en Madrid.)

    ....

    ....

11. ¿Quiénes son las personas que necesitan comprar un apartamento?

    ....

    ....

12. ¿En qué zonas o calles buscan piso? Vea Ud. el plano del metro de Madrid para saber dónde quedan.

    ....

    ....

13. ¿Quiénes quieren pagar al contado?

   ....

   ....

14. ¿Cuántos dormitorios necesita **el matrimonio?**   (el dentista)

   ....

   ....

15. ¿Cuánto quieren pagar?

   ....

   ....

16. ¿Qué necesita **la empresa alemana?**   (la Sociedad de Inversiones en Inmobiliaria)

   ....

   ....

Name.. Section.............................. Date................................

¡Hay que comprar muebles!

Ud. se muda a un apartamento nuevo y necesita comprar muchas cosas para la casa. Lea los siguientes (*following*) anuncios y escoja todo lo que quiera para su casa. Después de estudiar el vocabulario, conteste a las preguntas (*cf.* **preguntar**). ¡Ojalá que la mudanza no le dé muchos problemas!

GANGAS

ABRA UNA CUENTA DE CREDITO   MUDANZAS

SUPER ESPECIAL EN COCINAS
ELECTRICAS Y DE GAS
HORNO AUTOMATICO

LAVADORAS DE MARCAS FAMOSAS

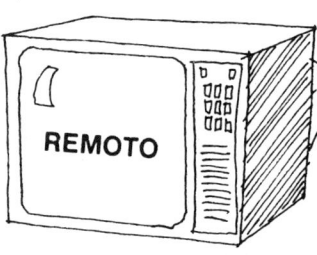

TELEVISOR A COLORES

PROCESADOR DE ALIMENTOS

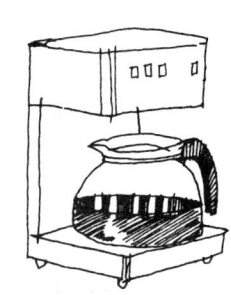

CAFETERA AUTOMATICA DE 10 TAZAS

TOSTADORA

VAJILLA DE 45 PIEZAS
SERVICIO COMPLETO
PARA 8

PLANCHA AUTOMATICA

MESA DE 3 REPISAS

JUEGO DE CAZUELAS
MAGNALITE
DE ALUMINIO DE 8 PIEZAS

ASPIRADORA

¡LIQUIDACION EN CESTOS!

CALENTADOR PORTATIL

Name... Section............................. Date........................

Vocabulario

PALABRAS AFINES

los **accesorios**
  el **aluminio**
    automático
    colores: a colores
    completo
  la **decoración**
    especial
    famoso
  el **gas**
  la **liquidación**
  el **procesador**
    remoto
  el **servicio**
    sólido
  la **tostadora**

OTRAS PALABRAS

los **alimentos** la comida
la **aspiradora** vacuum cleaner
la **butaca** armchair
la **cabecera (la cabeza)** headboard
la **cafetera** coffee maker
el **calentador** heater
la **cama** bed
  cama litera cot
el **cesto** basket
la **cocina** stove
el **colchón** mattress
la **cubrecama** bedspread
la **cuna** crib
la **esquina** corner, nook
  mesa de esquina end table
el **gavetero (la gaveta)** la cómoda
el **hogar** la casa
el **horno** oven
el **juego** set
la **lavadora** washing machine
la **madera** wood
la **marca** brand name
la **mecedora** rocking chair
la **pieza** piece
la **plancha** iron
  portátil portable
la **repisa** shelf
el **ropero (la ropa)** el armario
la **sábana** sheet (*for bed*)
la **secadora** dryer
el **televisor** television set
la **toalla** towel
el **tocador** dressing table
la **vajilla** set of dishes

1. ¿Qué muebles y accesorios necesita Ud. para **la sala?** (los dormitorios, los baños)

   ....

   ....

2. ¿Qué muebles se venden en el juego para **el dormitorio?** (la sala)

   ....

   ....

3. ¿De qué es la cama litera? ¿Cuántos colchones tiene?

   ....

   ....

4. ¿Dónde va Ud. a colocar la cuna? ¿Para quién es?

   ....

   ....

5. ¿De qué son las cubrecamas?

   ....

6. ¿Dónde piensa Ud. colgar su ropa?

   ....

7. ¿Qué accesorios se necesitan para **las camas?** (los baños)

   ....

   ....

8. ¿Para cuáles cuartos compra cortinas?

   ....

9. ¿Cuáles aparatos eléctricos le hacen falta a Ud. para la cocina y los otros cuartos?

   ....

   ....

10. ¿Cómo son **las lavadoras?** (las cocinas)

    ....

11. ¿Cuáles aparatos eléctricos usa Ud. para preparar la comida?

    ....

    ....

12. ¿Qué otras cosas puede comprar para preparar y servir la comida?

    ....

    ....

13. ¿Cómo es el televisor? ¿Dónde piensa Ud. colocarlo?

    ....

    ....

14. ¿A Ud. le hace falta un calentador portátil? ¿Para qué?

    ....

    ....

15. ¿Por qué le interesa a Ud. comprar los aparatos eléctricos en esta tienda? ¿Qué le dicen a Ud. que haga?

    ....

    ....

Name.. Section............................ Date........................

LECCIÓN 15

WORKBOOK EXERCISES

ESTRUCTURA 1

A. Use the gerund (**-ndo**) form to tell how you and other people spent the day yesterday.

Modelo: María / pasar el día / estudiar en la biblioteca
→María pasó el día estudiando en la biblioteca.

1. tú / pasar el día / comprar cosas para la fiesta

   ....

2. mis hermanitos / pasar el día / escuchar discos

   ....

3. yo / pasar el día / ir y venir a la universidad

   ....

4. mi papá / pasar el día / viajar por la ciudad

   ....

5. mi familia y yo / pasar el día / cocinar y limpiar la casa

   ....

6. ustedes / pasar el día / divertirse en el centro

   ....

ESTRUCTURA 2

B. There's a store in your neighborhood that has really improved over the last year. When your friend reminds you how things used to be, use the present progressive to indicate the changes. Use the cues in parentheses.

Modelo: —Antes esa tienda se abría muy tarde. (abrirse más temprano)
—Sí, pero ahora se está abriendo más temprano.

1. Antes tenían los precios más altos de la ciudad. (dar muchas rebajas)

   ....

2. Antes no se vendían cosas muy buenas allí. (venderse cosas mejores)

   ....

3. Antes los dependientes no te ayudaban mucho. (tratar de ayudar al cliente)

   ....

4. Antes no aceptaban tarjetas de crédito. (aceptar todas las tarjetas y también los cheques personales)

   ....

5. Antes las diferentes secciones no estaban muy bien arregladas. (arreglarlas mejor)

   ....

6. Antes el jefe no venía mucho a la tienda. (pasar casi todo el día allí)

   ....

C. You run into a friend whom you haven't seen in a long time. She wants to know all about your life now. Using the present tense of **seguir** + **-ndo** form and the cue in parentheses, answer that things are the same as your friend remembers.

   Modelo: —¿Uds. viven donde vivían antes? (en la misma casa)
   —Sí, seguimos viviendo en la misma casa.

   1. ¿Tu mamá todavía trabaja de dependienta? (en la misma tienda)

      ....

   2. ¿Tu hermana Paula todavía estudia para la misma profesión? (arquitecta)

      ....

   3. ¿Tu hermano todavía enseña administración de empresas? (la misma materia)

      ....

   4. ¿Los profesores todavía exigen mucho trabajo? (tanto trabajo como antes)

      ....

   5. ¿Los estudiantes todavía toman cinco materias cada año? (el mismo número de materias)

      ....

   6. ¿Todavía asistes a muchas obras de teatro? (al teatro todas las semanas)

      ....

Name.. Section................... Date..................

ESTRUCTURA 3

D. So that's the one! Respond to each of your friend's statements using a nominalized demonstrative adjective and a nominalized clause to say that now you finally see the person or thing that you have heard about.

Modelo: —Esa profesora enseña química. *That teacher teaches chemistry.*
—Ah, ésa es la que enseña química, entonces. *Oh, that's the one who teaches chemistry, then.*

1. Ese estudiante tiene las mejores notas del colegio.
   ....

2. Esos actores trabajaron en la comedia que vimos ayer.
   ....

3. Aquel libro se leyó más que ningún otro el año pasado.
   ....

4. Esta biblioteca tiene quince mil libros en español.
   ....

5. Aquellas señoras acaban de perder su empleo.
   ....

6. Éstas son las entradas que se les perdieron a mis hermanos.
   ....

ESTRUCTURA 4

E. Write a sentence containing two nominalized long-form possessives and a comparative construction built around the adjective in parentheses as a reaction to each pair of sentences that appears below.

Modelo: —Tú tienes una casa. Juan tiene una también. (bonito)
—Sí, pero la mía es más bonita que la suya.

1. Yo tengo unos discos nuevos. Mis amigos tienen unos nuevos también. (moderno)
   ....

2. Este dramaturgo escribió una obra de teatro. Ud. escribió una también. (original)
   ....

3. Este director hizo una película. Tú y yo hicimos una también. (famoso)
   ....

4. Aquel locutor tiene un programa. Ustedes tienen uno también. (divertido)

....

5. Mario sacó unas fotos. Yo saqué unas también. (interesante)

....

6. Yo saqué un boleto. Tú sacaste uno también. (caro)

....

TRADUCCIÓN

F. Translate the following dialogue. Use the progressive tenses when appropriate.

1. (*Angélica*) Here we are together, watching television. We're really not enjoying ourselves. Let's go out.

   ....

   ....

   ....

2. (*Daniel*) I'm reading the entertainment listings right now.

   ....

3. (*Angélica*) Let me see. They're presenting some interesting plays downtown.

   ....

   ....

4. (*Daniel*) Yes. And they're showing a police film at the Argentina Theater.

   ....

   ....

5. (*Angélica*) That's the one I wanted to see!

   ....

6. (*Daniel*) Look! A concert is also being presented at the Sol Theater. It's the debut of the pianist Mario Flores.

   ....

   ....

   ....

Name.. Section............................ Date.........................

7. (*Angélica*) My goodness! Which show should we choose?

   ....

8. (*Daniel*) Let's leave right now. We can decide later.

   ....

COMPOSICIÓN

G. Write a paragraph using the present progressive as much as you can. Choose either one of the following paragraphs.

   1. Pretend you're attending a play, film, concert, or ballet. Describe what you are seeing and hearing—actors, actresses, musicians, photography, lights, scenery (furniture), kind of music and instruments, orchestra, songs, dancing, plot, etc. Be sure to comment on your reactions to what you're witnessing.
   2. Describe the same imaginary performance in #1, but now pretend that you're a performer, playwright, director, musician, or other person associated with the show. Tell what you're doing, whether you are enjoying yourself, and describe what's going on around you on stage or on camera.

Name.. Section............................ Date............................

Lección 15 LABORATORY WORKSHEET

I. Iniciación

Repeat each phrase or sentence after the speaker.

II. Continuación

Now listen to the radio broadcast about entertainment in Buenos Aires, the capital of Argentina.

III. Structure Drills

A. *The present progressive*

Tell the speaker that the people asked about are already doing the things mentioned. Use the present progressive and replace all object nouns with the corresponding object pronouns in your answer. Repeat each correct response after the speaker's confirmation. Listen to the model.

Speaker: ¿Cuándo van a poner la mesa los chicos?
Student: La están poniendo ahora.
Speaker: La están poniendo ahora.
Student: La están poniendo ahora.

B. *Nominalization*

The speaker thinks that certain items belong to Fernando. Correct the mistaken impression in each case, saying that the item belongs to Blanca. Each of your responses will have a nominalized demonstrative adjective and a nominalized definite article. Repeat each correct response after the speaker's confirmation. Listen to the model.

Speaker: ¿Este libro es el libro de Fernando?
Student: No, ése es el de Blanca.
Speaker: No, ése es el de Blanca.
Student: No, ése es el de Blanca.

C. *Nominalized adjectives*

You will be given information about the same thing by two different speakers. Summarize what they tell you in a sentence containing a comparative with the original nouns deleted. Repeat each correct response after the speaker's confirmation. Listen to the model.

Speaker 1: La casa roja es grande.
Speaker 2: La casa blanca es más grande.
Student: La blanca es más grande que la roja.
Speaker: La blanca es más grande que la roja.
Student: La blanca es más grande que la roja.

IV. Listening Activities

A. *Listening comprehension*

You will hear five questions or statements, each followed by three suggested responses. Circle the letter of the correct response. Each item will be read twice.

1. a b c
2. a b c
3. a b c
4. a b c
5. a b c

B. *Answering questions*

You will hear a paragraph read twice. Listen to it carefully. After the second reading you will hear five questions, read twice each. Based on the content of the paragraph, write an answer to each question during the pause provided.

1. ....
2. ....
3. ....
4. ....
5. ....

C. *Multiple choice comprehension check*

You will hear a dialogue read twice. After the second reading the speaker will ask you three questions based on the content of the dialogue. For each question there are three possible responses on your laboratory worksheet. Read the choices during the pauses provided and circle the letter of the correct answer.

1. a. Quieren tocar con la orquesta nacional.
   b. Quieren hacer su estreno el viernes.
   c. Quieren escoger música para el concierto.

2. a. Que es original y sensible.
   b. Que es sencilla, pero excelente.
   c. Que tiene un piano lindísimo.

3. a. Porque no desean tocar la guitarra juntos.
   b. Porque los dos desean escoger al director de la orquesta.
   c. Porque cada uno cree que toca mejor el piano.

Lección 15 PUNTOS DE VISTA

El Teatro Colón

Las páginas (*pages*) siguientes se han sacado de un programa de una función de ballet del famoso Teatro Colón de Buenos Aires. Léalas después de estudiar el vocabulario y conteste las preguntas que siguen.

MUNICIPALIDAD DE LA
CIUDAD DE BUENOS AIRES

Intendente Municipal
DR. JULIO CESAR SAGUIER

Secretario de Cultura
DR. MARIO O'DONNELL

Subsecretario de Cultura
DR. MIGUEL ANGEL INCHAUSTI (h)

TEATRO COLON

Director General
CECILIO MADANES

Director Artístico
DR. ANTONIO PINI

Director Administrativo
LIC. RICARDO SZWARCER

Director Técnico
MIGUEL ANGEL LUMALDO

Temporada 1984

Sábado 30 de junio, 21 hs.:
Primera función de Abono para
Estudiantes Secundarios

Espectáculo coreográfico

Ballet Estable del Teatro Colón

I

Conservatorio

Ballet en un acto
Música de Holger Simon PAULLI
Coreografía de Auguste BOURNONVILLE-Gustavo MOLLAJOLI
Escenografía y vestuario de Eduardo Lerchundi

Reparto

Elise	CRISTINA DELMAGRO
Victorine	VIRGINIA LICITRA
Maitre de ballet	DANIEL ESCOBAR
Mesdemoiselles	MARIA ELENA ASTROVA, KATTY GALLO, CECILIA MENGELLE, SARA RZESZOTKO, M. BAAMONDE, G. BLANCO, C. SANTELLI, C. CASARETTO, M. CHINETTI, E. FALAGAN, N. NEUMAYER, S. PAPARELLA, C. RONCO, C. SERVERA, C. PEREYRA, M. QUIROGA, I. WIT
Messieurs	PIO RUSSO, HORACIO ALONSO, JULIO BOCCA, OMAR URRASPURO
	y Alumnos del Instituto Superior de Arte del Teatro Colón
Violín solista	SZYMSIA BAJOUR

Festival de las Flores en Genzano

(Pas de Deux)

Música de Edvard HELSTED
Coreografía de Auguste BOURNONVILLE-Gustavo MOLLAJOLI
Vestuario de Eduardo Lerchundi

Reparto

LIDIA SEGNI, RAUL CANDAL

II

Encuentros Románticos

Ballet en un acto
Música de Benjamín BRITTEN (Fragmentos de las "Variaciones sobre un tema de Frank Bridge")
Coreografía de George SKIBINE,
en reposición y puesta en escena de Gustavo Mollajoli
Vestuario de Eduardo Lerchundi

Reparto

SUSANA AGUERO, LIDIA SEGNI,
CECILIA MENGELLE, RAUL CANDAL,
DANIEL ESCOBAR, EDUARDO
CAAMAÑO

III

Rhythmetron

Ballet en un acto
Música de Marlos NOBRE (para percusión sola)
Coreografía de Arthur MITCHELL,
en reposición y puesta en escena de Gustavo Mollajoli
Vestuario y ambientación de Eduardo Lerchundi

Reparto

1er. movimiento	SUSANA AGUERO, ALEJANDRO TOTTO A. ALVENTOSA, G. ANTOSZEWSKI, G. BLANCO, C. SOLER, A. STOLERMAN, ALEJANDRO SINOPOLI, HUGO VALIA, G. DE BENEDETTI, C. BALDONEDO, P. DESSE
2do. movimiento	SUSANA AGUERO, MARIA ELENA ASTROVA, NORA PUENTES RODOLFO LASTRA, HECTOR MOHR, GERARDO FINN
3er. movimiento	SUSANA AGUERO, ALEJANDRO TOTTO M. E. ASTROVA, A. ALVENTOSA, G. ANTOSZEWSKI, G. BLANCO, N. PUENTES, C. SOLER, A. STOLERMAN R. LASTRA, H. MOHR, A. SINOPOLI, H. VALIA, G. DE BENEDETTI, C. BALDONEDO, G. FINN, P. DESSE
Solistas de Percusión	LEON JACOBSON, FABIAN PEREZ TEDESCO, NESTOR ASTUTTI, TRISTAN TABOADA, ENRIQUE LAZZERONI, GERARDO CAVANNA, HECTOR J. P. FABRIS, ALEJANDRO WOLOWSKI, MARCELO DE MATTHAEIS, FERNANDO A. DI-PACE, ANGEL KALOVULOS

ORQUESTA ESTABLE DEL TEATRO COLON
Alumnos del Departamento de Danza
del Instituto Superior de Arte del
Teatro Colón

Director de Orquesta	**JORGE FONTENLA**
Director del Ballet	**GUSTAVO MOLLAJOLI**
Director de Estudios	Claudio Guidi Drei
Sub-Director de Estudios	Armando Fernández Arroyo

Vocabulario

PALABRAS AFINES

- el **acto**
  - administrativo
  - artístico
- el **ballet**
- el **conservatorio**
- la **coreografía**
- la **danza**
- el **departamento**
  - estable
- el **estudio**
- el **festival**
- el **fragmento**
  - general
- el **instituto**
  - municipal
- la **percusión**
  - romántico
  - secundario
- el **solista**
- el **subdirector**
- el **subsecretario**
  - superior
  - técnico
- la **variación**
- el **violín**

OTRAS PALABRAS

- el **abono** subscription
- el **alumno** el estudiante
- la **ambientación** (*here*) scenery
  - **coreográfico** se dice del espectáculo en que se baila
- el **encuentro** meeting, encounter
- la **escenografía** stage decorations
- el **intendente** chief administrator
- la **municipalidad** gobierno de una ciudad
- la **puesta en escena** staging
- el **reparto** cast
- la **reposición** revival
- el **tema** theme
- la **temporada** season (*sports or theater*)
- el **vestuario** ropa y trajes de los actores

PALABRAS FRANCESAS

Maître de ballet
Mesdemoiselles las señoritas
Messieurs los señores
Pas de Deux a dance for two performers

ABREVIATURAS

hs. = horas
1er. = primer
2do. = segundo
3er. = tercer

1. ¿Cuántos nombres de oficiales (*officials*) municipales se pueden leer en el programa?

   ....

2. ¿De qué año es este programa?

   ....

3. ¿Qué clase (*kind*) de espectáculo se presentó?

   ....

4. ¿Qué día fue la primera función? ¿Para quiénes fue?

   ....

5. ¿Qué clase de obra es «Conservatorio»?

   ....

6. ¿Qué hizo el señor Eduardo Lerchundi en esta obra? ¿Hizo algo en otra obra también?

   ....

Name.. Section......................... Date..........................

7. ¿Hay bailarines (*dancers*) no profesionales (*non-professional*) que trabajan en este ballet? ¿Quiénes son?

   ....

8. ¿Cuántas personas trabajan en la obra «Festival de las Flores en Genzano»?

   ....

9. ¿Tiene la obra «Encuentros Románticos» más o menos o el mismo número de actos que «Conservatorio»?

   ....

10. ¿En qué obras participó (*participated*) el señor Gustavo Mollajoli? ¿Qué hizo en cada una de ellas?

    ....

11. ¿En cuántos movimientos está dividido el ballet «Rhythmetron»?

    ....

12. ¿Qué clase de solistas trabajan en esta obra?

    ....

Name.. Section............................. Date.........................

LECCIÓN 16

WORKBOOK EXERCISES

ESTRUCTURA 1

A. Nobody knows what he will do yet. Answer each of the following questions saying that the person asked about doesn't know whether he will do what the question asks. Use the future tense in the dependent clause.

Modelo: Juan va a la fiesta, ¿verdad?   *Juan is going to the party, isn't he?*
Todavía no sabe si irá.   *He doesn't know yet if he will go.*

1. Tus padres salen a comer, ¿verdad?

   ....

2. Puedes ayudarnos mañana, ¿verdad?

   ....

3. El mecánico repara los frenos hoy, ¿verdad?

   ....

4. Ustedes se quedan hasta las dos, ¿verdad?

   ....

5. Los otros se van temprano, ¿verdad?

   ....

6. Usted se muda a Arizona, ¿verdad?

   ....

B. Following is a series of statements telling what people don't intend to do. Using the future tense, say that the other person mentioned won't do the activity either. Replace any object nouns by the corresponding object pronouns.

Modelo: Mercedes no piensa hacer la   *Mercedes doesn't intend to make dinner.*
cena. ¿Y Juan?   *What about Juan?*
Él no la hará tampoco.   *He won't make it either.*

1. Regina no piensa cambiar el aceite. ¿Y tú?

   ....

195

2. Ricardo no piensa decírselo al profesor. ¿Y Marcos?

   ....

3. Yo no pienso limpiar mi cuarto. ¿Y mamá?

   ....

4. No piensas pedirle el dinero a tu padre. ¿Y tu hermano?

   ....

5. Ellos no piensan ponerse los guantes. ¿Y ustedes?

   ....

6. No pensamos ponerle más gasolina al carro. ¿Y ellos?

   ....

ESTRUCTURA 2

C. People aren't doing what they said they would do. React to each statement saying that the person mentioned *said* he or she would do the thing asked about. Replace any object nouns by the corresponding object pronouns.

   Modelo: ¿José no vino hoy?   *Didn't José come today?*
              Dijo que vendría, pero no vino.   *He said he would come, but he didn't.*

1. ¿Tus amigos no salieron con sus padres?

   ....

2. ¿María no se lavó la cabeza?

   ....

3. ¿Los López no cerraron su tienda?

   ....

4. ¿No pudiste comprar los sellos hoy?

   ....

5. ¿Ustedes no asistieron al concierto anoche?

   ....

6. ¿Yo te di la carta?

   ....

7. ¿El profesor les explicó el problema a los estudiantes?

   ....

Name.. Section......................... Date........................

8. ¿Usted se quejó del precio de la gasolina?

   ....

D. Solving problems. Tell what the people asked about would do in each of these unpleasant situations, using the conditional of the verbs in parentheses.

   Modelo: Hace mucho frío y yo tengo que salir. ¿Qué harías tú? (quedarse en casa)
   Yo me quedaría en casa.

   1. En este restaurante sirven mal y nunca tienen lo que dice la carta. ¿Qué harían Pedro y Carolina? (irse a otro lugar)

      ....

   2. Mi coche funciona mal. ¿Qué haría el mecánico? (medir el aceite)

      ....

   3. En esta carnicería los precios son muy altos y la calidad de la carne no es muy buena. ¿Qué harías tú? (no comprar nada allí)

      ....

   4. El disco que hemos puesto es muy viejo y no se oye bien. ¿Qué harían ustedes? (poner otro)

      ....

   5. Pasas tanto tiempo comiendo que llegas tarde a la clase de biología. ¿Qué haría yo? (comer más rápidamente)

      ....

   6. Margarita está trabajando con gente muy antipática, y su jefe la trata muy mal. ¿Qué harían ustedes? (solicitar otro empleo)

      ....

ESTRUCTURA 4

E. Use the future of probability to express a conjecture about what is going on in each case below. Use the expression in parentheses.

   Modelo: ¿Por qué va corriendo Miguel a todas las tiendas?
   (tener prisa)
   No sé. Tendrá prisa.

   Why is Miguel running to all the stores?

   I don't know. He must be in a hurry.

   1. ¿Por qué tiene el señor Chávez dos empleos? (hacerle falta el dinero)

      ....

   2. ¿Por qué compran esas señoras tanto papel? (escribir mucho)

      ....

3. ¿Por qué van a ver tus primos al médico todas las semanas? (estar enfermos)

....

4. ¿Por qué no se limpia los dientes ese niño? (no tener el cepillo de dientes)

....

5. ¿Por qué estoy saliendo tan temprano para la oficina? (querer llegar a tiempo)

....

6. ¿Por qué no quieren tus padres hacer ese viaje? (ser largo)

....

ESTRUCTURAS 3 y 4

F. What could have happened? Use the future perfect of the verbs in parentheses to explain what might have caused each of the situations described.

Modelo: ¿Dónde consiguió Lola los sellos? *Where did Lola get the stamps?*
(comprarlos en el correo)
No sé. Los habrá comprado en el correo. *I don't know. She must have bought them at the post office.*

1. ¿Los Ochoa ya no viven aquí? ¿Cómo es posible? (mudarse)

....

2. ¿Cómo se le rompieron todos los vasos al mesero? (caérsele)

....

3. ¿Cómo sabe Mercedes hacer unos pasteles tan ricos? (trabajar en una pastelería)

....

4. ¿Dónde está tu tarjeta de crédito? (quedárseme en casa)

....

5. ¿Cómo sabe Catarina lo de mi fiesta? (tú / decírselo)

....

6. ¿Dónde consiguió tu papá ese vino tan rico? (ir a la bodega)

....

7. ¿Por qué le dijiste tantas cosas horribles a Pedro? (enojarme con él)

....

8. ¿Por qué llegaron ustedes una hora antes de empezar la película? (salir de casa demasiado temprano)

....

Name.. Section...................... Date..................

TRADUCCIÓN

G. Translate the following dialogue into Spanish. Use the future and the future perfect to express probability and conjecture wherever possible.

1. (*Alonso*) I have to take the car to the garage. I won't be able to go shopping with you.

   ....

   ....

2. (*Paula*) I'll go with you. Then we'll go to the stores together. We'll take a taxi.

   ....

   ....

3. (*Alonso*) I wonder how much that trip costs by taxi. The garage is about 16 kilometers (away) from (the) downtown (area).

   ....

   ....

4. (*Paula*) It must cost about 750 pesos. If you think it's too much, we'll wait for the car.

   ....

   ....

5. (*Alonso*) The car will probably be in the garage for two or three hours. We probably won't like waiting there for so long.

   ....

   ....

6. (*Paula*) That's true. The mechanic probably didn't tell you that he has too many cars to repair today!

   ....

   ....

COMPOSICIÓN

H. Write a paragraph describing how you will spend the day. Discuss even the most mundane things you will do, such as getting ready to go out, going shopping in stores, walking through city streets, etc. Then, contrast what you will do with what you would like to do. Use the future, conditional, and future and conditional of probability as much as you can. You might think of the first part of your composition as "Cómo pasaré el día" and the second part as "Cómo pasaría el día."

....

....

Name.. Section............................ Date..........................

Lección 16 LABORATORY WORKSHEET

I. Iniciación

Repeat each phrase or sentence after the speaker.

II. Continuación

Now listen to Allan Spaulding's conversations in the three South American countries he traveled to.

III. Structure Drills

A. *Future and conditional tenses*

Repeat each of the following sentences after the speaker. Then, say it again, changing the verb to agree with each cue that you hear. Repeat each correct answer after the speaker's confirmation.

B. *Future of probability*

Answer each of the speaker's questions by saying that the things he or she asks about are probably true. Use the future tense to express these conjectures about events that you assume are taking place in present time. Repeat each correct response after the speaker's confirmation. Listen to the model.

Speaker: ¿Crees que Juan necesita gasolina?
Student: Sí, necesitará gasolina.
Speaker: Sí, necesitará gasolina.
Student: Sí, necesitará gasolina.

C. *Future perfect to express probability or conjecture in the past*

When could these things have happened? For each thing that the speaker tells you, use the future perfect to ask when it could have happened. Replace any object nouns by the corresponding object pronouns in your answers. Repeat each correct response after the speaker's confirmation. Listen to the model.

Speaker: Juan compró el disco.
Student: ¿Cuándo lo habrá comprado?
Speaker: ¿Cuándo lo habrá comprado?
Student: ¿Cuándo lo habrá comprado?

IV. Listening Activities

A. *Listening comprehension*

You will hear six questions or statements, each followed by three suggested responses. Circle the letter of the correct response. Each item will be read twice.

1. a b c   3. a b c   5. a b c
2. a b c   4. a b c   6. a b c

B. Multiple choice comprehension check

You will hear two dialogues read twice each. After the second reading of each one, the speaker will ask you three questions based on the content of the dialogue. For each question there are three possible responses on your laboratory worksheet. Read the choices during the pauses provided and circle the letter of the correct answer.

Dialogue 1

1. a. Busca una carnicería.
   b. Busca a su esposa.
   c. Busca la pastelería Vargas.
2. a. Doblará a la izquierda.
   b. Caminará a la esquina.
   c. Doblará a la derecha.
3. a. En frente de una zapatería.
   b. Al lado de la carnicería.
   c. Detrás de la calle Mercado.

Dialogue 2

1. a. Irá a la panadería y a la librería.
   b. Irá a la pescadería y a la panadería.
   c. Irá a la pescadería y a la bodega.
2. a. La comprará en el supermercado.
   b. Comprará arroz y legumbres.
   c. La comprará en la bodega.
3. a. Tiene miedo que su hija tenga un accidente con el carro.
   b. A veces Francisca no escoge comida buena.
   c. Francisca siempre gasta demasiado dinero en la librería.

Name.. Section............................ Date..................

Lección 16 PUNTOS DE VISTA

La vida nocturna

La Guía del Ocio es una revista que sale en Madrid todas las semanas. Es una cartelera y una lista (*list*) de museos, restaurantes, cafés, discotecas, etcétera, que se encuentran en la capital española. Lee los anuncios y estudia el vocabulario antes de contestar a las preguntas. ¡Esperamos que lo pases muy bien esta noche!

cenar a última hora

ACUARIO. Juan Ramón Jiménez, 26. Hasta la 1,30 h.
EL BALCON. Plaza San Ildefonso, 2. Hasta las 0,30 h.
BERRIO. Costanilla de Capuchinos, 4. Hasta las 0,30 h.
BODENSEE FONDUES. Andrés Mellado, 33. Hasta la 1 h.
BORRACHOS DE VELAZQUEZ. Príncipe de Vergara, 205 (antes Gral. Mola).
BORRACHOS DE VELAZQUEZ II. Avda. de Burgos, 214. Hasta la 1 h.
EL CACIQUE. Padre Damián, 47. Hasta la 1,30 h.
LA CACHARRERIA. Morería, 9. Hasta la 1 h.
CAFE DE CHINITAS. Torija, 7. Espectáculo hasta las 3 h.
CAMBALACHE. San Lorenzo, 5 (Tribunal). Hasta las 3,30 h.
CAMERINO. Alonso Cano, 22. Hasta la 1,30 h.
CAROLO. Avda. de América, 31. Hasta la 1 h.
CASABLANCA. Barquillo, 29. Hasta la 1,30 h.
CASA GADES. Conde de Xiquena, 4. Hasta la 1 h.
LA CESTA. Plza. de San Miguel, 4. Hasta las 2 h.
CLUB 31. Alcalá, 58. Hasta la 1,30 h.
COLONY. Alberto Alcocer, 43. Hasta la 1 h.
CORRAL DE LA MORERIA. Morería, 17. Hasta las 3,30 h.
CREPERIE LA RACLETTE. Infanta Mercedes, 99. Hasta la 1 h. Sáb., 1,30. Dom., 12 h.
CREPERIE MA BRETAGNE. S. Vicente Ferrer, 9 y Fernando el Católico, 61. Hasta la 1 h.
CRIADO. López de Hoyos, 198. Hasta las 0,30 h.
CRIADO TRES MARES. Corazón de María, 77. Hasta las 0.30 h.
LAS CUEVAS DE LUIS CANDELAS. Cuchilleros, 1. Hasta la 1 h.
CHARLES. Cardenal Cisneros, 6. Hasta la 1 h.

CHIKY PUB. Mayor, 24. Hasta las 2,30 h.
CHULETERA EL JARDIN. López de Hoyos, 219. Hasta la 1 h.
DE FUNY. Serrano, 213. Hasta la 1,30 h.
FADO. Plza. de S. Martín, 2. Hasta las 2 h.
FAMILIA FELIZ. San Andrés, 38 (Malasaña). Hasta las 0.30 h.
FASS. Concha Espina, 34. Hasta las 0,30 h.
LA FONDA. Lagasca, 11. Hasta las 0,30 h.
FOSTER'S HOLLYWOOD. Magallanes, 1. Apolonio Morales, 3. Tamayo y Baus, 1. Hasta la 1 h. Sáb. y visp., hasta la 1,30 h.
PAN Y VINO. Fernando el Católico, 86. Hasta las 0,30-1 h.
EL LOCRO. Trujillo, 2. Hasta las 0,30 h.
LA MESA REDONDA. Nuncio, 17. Hasta la 1 h.
MISSISSIPI. Princesa, 45 (Argüelles). Hasta las 3 h.
MOTEL AVION. Ctra. de Barcelona, Km 14. Las 24 horas del día.
NAVACERRADA. Gral. López Pozas, 8. Hasta la 1 h.
LA PROSPERIDAD. Fernández de Oviedo, 19. Hasta las 0.30 h.
LA QUINTRALA. Mesón de Paredes, 42. Hasta las 2 h.
EL RINCON CHILENO. Sirio, 52. Hasta la 1 h.
TABERNA FRANCESA. Hartzenbusch, 19. Hasta las 2 h.
TATAGLIA. P.º de la Habana, 17. Hasta la 1 h.
TRAPALIN. Olmo, 31 (A. Martín).
EL VIEJO ALMACEN DE BUENOS AIRES. Villamil, 277. Hasta la 1 h.
VILLALOBILLOS. María Teresa, 9. Hasta la 1 h.
EL VIÑEDO. Hortaleza, 13. Hasta la 1,30 h.
VIPS. Julián Romea, 4. P.º de la Habana, 17. Avda. Castellana, 117. Hasta las 3 h.

203

Vocabulario

PALABRAS AFINES
el **club**
inclusive
el **parking**
romántico
el **violín**

OTRAS PALABRAS
el **ambiente** atmosphere
ambos both
gratuito free
la **madrugada** early morning, dawn
el **ocio** entertainment, leisure

último: a última hora at the last moment, late

ABREVIATURAS
Avda. = **avenida**
Ctra. = **carretera** highway
Dom. = **domingo**
Gral. = **general** general
h. = **horas**
plza. = **plaza**
Sáb. = **sábado**
Tel., Telf. = **teléfono**
vísp. = **víspera** evening before a holiday

1. ¿Qué harías para divertirte en Madrid por la tarde y por la noche?

   ....

   ....

2. ¿Adónde irías para escuchar música?

   ....

   ....

3. ¿Dónde se podría oír tocar **la guitarra?** (el violín)

   ....

4. ¿Adónde irías para cenar y bailar?

   ....

5. ¿Cómo es el ambiente allí?

   ....

6. ¿Hasta qué hora se puede bailar?

   ....

7. ¿Cuál es **la dirección** de una discoteca? (el teléfono)

   ....

8. ¿Cuáles restaurantes están abiertos hasta **la una** de la mañana? (las tres)

   ....

   ....

9. ¿Adónde querrás ir esta noche?

   ....

   ....

Name.. Section............................ Date............................

10. ¿Dónde cenarás a última hora?

   ....

   ....

11. ¿Qué restaurantes tendrán comida **francesa?** (chilena, norteamericana, argentina)

   ....

   ....

De compras

Denia Guía es una revista de compras y diversiones (*entertainment*) que sale cada semana en Denia (provincia [*province*] de Alicante), una ciudad española en el Mediterráneo, al sudeste del país. En ella se ven anuncios de tiendas, restaurantes, lugares de turismo, y de televisión. Lee los anuncios, estudia el vocabulario y contesta a las preguntas. *Note:* El catalán es un idioma que se habla en el este de España. En Denia se habla valenciano, un dialecto (*dialect*) del catalán.

Peluquerias Caballeros

j. alvarez miralles
Peluqueria UNISEX
Temple de San Telm, 15 Bajo
Tel. 78 33 40

AUXICAR
SERVICIOS PERMANENTES DE ASISTENCIA EN CARRETERA 24 h.

INFORMACION: Avenida de Alicante, 21
Teléfono 78 22 50
DENIA (Alicante)

FARMACIAS DE GUARDIA

Lunes 27:
Farmacia Mari Paz de Antonio
Plaza Archiduque Carlos

Martes 28:
Farmacia CONCEPCION NOGUERA
Avda. de Alicante

Miercoles 29:
Farmacia Ana María Zaragoza
Carrer Loreto

Jueves 30:
Farmacia LUIS DEVESA
Carrer Diana

Viernes 1:
Farmacia J. BEL - LAN
Carrer Cop

Sábado 2:
Farmacia E. FERRERES
Plaza Constitución

Domingo 3:
Farmacia ARACELI FERNANDEZ
Carrer Campos

Orto Denia
ORTOPEDIA TECNICA
CALZADO y APARATOS ORTOPEDICOS
Colón, 44 - Tel. 78 45 49 - DENIA (Alicante)

ANTES DE COMPRAR DEBE VISITAR...
Muebles Mencor
Todo clásico y Tresillos
Pedro Esteve, 65 - Tel. 78 18 80

Name.. Section......................... Date......................

Vocabulario

PALABRAS AFINES

los **artículos**
la **asistencia**
 clásico
la **ortopedia**
 ortopédico
 permanente
 seleccions (catalán) = selecciones
el **servicio**
 técnico

OTRAS PALABRAS

el **aparato**   device
el **barro**   earthenware (clay)
el **bazar**   el almacén
el **caballero**   man, gentleman
el **calzado**   footwear
 carrer (catalán) = la carrera   la avenida
la **carretera**   highway

las **cerámicas**   pottery
 guardia: de guardia   on call (*In U.S., a 24-hour pharmacy. The farmacias de guardia alternate staying open late on certain days.*)
el **juguete**   toy
el **mimbre**   wicker
la **perfumería**   tienda en que se vende perfume
la **piel**   leather; skin, fur
las **porcelanas**   china
el **reloj**   watch, clock
la **relojería**   watchmaker
la **reparación**   repairs
el **taller**   repair shop
el **tresillo**   set of furniture
el **vidrio**   glass

ABREVIATURAS

 h. = horas
 Tel. = teléfono

1. ¿En cuáles calles o avenidas se encuentran dos o más tiendas?

 ....

2. ¿Adónde irías para cortarte el pelo?

 ....

 ....

3. ¿Habrá una papelería en Denia? ¿Dónde queda? ¿Cuál es su teléfono?

 ....

 ....

4. Necesitas que te reparen una llanta del carro. ¿A quién llamarás?

 ....

5. La farmacia donde compras tus medicinas está cerrada. Son las once de la noche. Necesitas que te hagan la receta inmediatamente. ¿A cuál farmacia irás? ¿Dónde queda? Hoy es **martes,** el **28 de junio.** (jueves / 30 de junio) (sábado / 2 de julio)

 ....

 ....

6. ¿Para qué irías a la relojería Gras? ¿Dónde se encuentra?

 ....

 ....

7. ¿A cuáles tiendas irás para comprar regalos? ¿Dónde quedan? ¿Qué le comprarás a **tu novio(a)**? (tu mamá, tu papá, tus hermanos, tus amigos, unos niños pequeños)

   ....

   ....

   ....

8. Te gustaría comprar muebles para tu **casa** (oficina). ¿Dónde los buscarás?

   ....

   ....

9. ¿Habrá una zapatería en Denia? ¿Qué clase (*kind*) de zapatos se venden?

   ....

   ....

Name.. Section................................ Date..........................

LECCIÓN 17

WORKBOOK EXERCISES

ESTRUCTURA 1

A. In each of the following sentences, use the cue in parentheses as the subject of the subordinate clause. Change the infinitive to the appropriate form of the present subjunctive.

Modelo: Voy a la fiesta después de jugar tenis. (nosotros)
Voy a la fiesta después de que juguemos tenis.

1. David celebrará su cumpleaños sin traer la piñata. (los invitados)

   ....

2. Salen al jardín antes de almorzar. (nosotros)

   ....

3. Patinen Uds. hasta tener que volver a casa. (yo)

   ....

4. ¿Doblarás la película para ganar más plata? (el director)

   ....

5. Guardaré la ropa después de lavarla. (Uds.)

   ....

6. Llenamos los formularios sin firmarlos. (tú)

   ....

B. Complete each of the following dialogues by writing an appropriate clause in the subjunctive.

1. ¿Regresarás al campo de fútbol?

   Sí, regresaré antes que ....

2. ¿Uds. se reunirán en el parque?

   Sí, nos reuniremos tan pronto como ....

3. Debemos comprar boletos para el concierto, ¿no?

   Sí, debemos comprarlos cuando ....

209

4. ¿Van a andar en bicicleta esta tarde?

   Sí, vamos esta tarde con tal que ....

5. ¿Verónica le regalará la raqueta a su sobrino?

   Sí, se la regalará en cuanto ....

6. ¿Alejandro te va a presentar a los jugadores?

   Sí, me va a presentar a menos que ....

C. Complete each of the following sentences by supplying **por** or **para,** as required.

   1. Salieron a las dos .... el jardín zoológico.

   2. ¿Cuánto pagaste .... los zapatos de tenis?

   3. Prendamos el estéreo .... relajarnos.

   4. No se puede ir al campo .... el tiempo.

   5. .... jugador de béisbol famoso, no parece ser muy capaz.

   6. He traído unas pelotas .... el partido.

   7. Manolo ha celebrado su cumpleaños con nosotros .... tres años.

   8. ¿A los niños les gustaría trotar .... la tarde?

   9. Los Morales viajarán a San Juan .... avión.

   10. .... mí, la Navidad es muy agradable.

TRADUCCIÓN

D. Translate the following sentences into Spanish. They will form a connected paragraph about a birthday celebration, narrated by the boyfriend of the young woman who is celebrating her birthday.

   1. I'm going to my girlfriend Adriana's house today so that we can celebrate her birthday.

   2. Adriana is 19 years old today.

   3. There will be several guests at the party.

   4. They're going to be there by one o'clock.

Name.. Section............................ Date..........................

5. After we have lunch, the guests are going to give Adriana the gifts.

   ....

   ....

6. We'll be in the garden unless the weather is bad.

   ....

   ....

7. After we eat and sing, I'll take Adriana to a play.

   ....

   ....

8. Later we'll get together with our friends, Paula and Federico.

   ....

   ....

9. We'll have dinner and dance until Adriana has to return home.

   ....

10. I imagine we'll really enjoy the day! Happy Birthday, Adriana!

    ....

    ....

COMPOSICIÓN

E. Write a dialogue between two people who can't decide what sport or exercise they want to get involved in this afternoon. Have each one try to convince the other that what he wants to do is more enjoyable. Try to use the present subjunctive in adverb clauses in their conversation. You might begin this way:

Roberto: ¿Por qué no jugamos tenis esta tarde?
Ricardo: No quiero, a menos que haga menos calor.

Roberto: ....

Ricardo: ....

Roberto: ....

Ricardo: ....

Roberto: ....

Ricardo: ....

Roberto: ………………………………………………………………………………………

Ricardo: ………………………………………………………………………………………

Roberto: ………………………………………………………………………………………

Ricardo: ………………………………………………………………………………………

Name.. Section............................ Date............................

Lección 17 LABORATORY WORKSHEET

I. Iniciación

Repeat each phrase or sentence after the speaker.

II. Continuación

Now listen to the conversation between Carmen and Celeste about Celeste's nephew's birthday party.

III. Structure Drills

A. *The present subjunctive in adverb clauses*

You'll do everything before Teresa does. Say this when you answer the speaker's questions, using **antes que** plus the present subjunctive. Repeat each correct response after the speaker's confirmation. Listen to the model.

Speaker: ¿Quién saldrá primero? ¿Tú o Teresa?
Student: Yo saldré antes que salga Teresa.
Speaker: Yo saldré antes que salga Teresa.
Student: Yo saldré antes que salga Teresa.

B. *The present subjunctive in adverb clauses referring to future time*

There's nothing to do but wait. When the speaker complains that certain things have not yet taken place, say that the speaker has to wait until they happen. Repeat each correct response after the speaker's confirmation. Listen to the model.

Speaker: ¿Sabes? Todavía no se ha abierto el almacén.
Student: ¿Qué se puede hacer? Tendrás que esperar hasta que se abra.
Speaker: ¿Qué se puede hacer? Tendrás que esperar hasta que se abra.
Student: ¿Qué se puede hacer? Tendrás que esperar hasta que se abra.

C. **Llevar + -ndo** *form to express* **have been doing something**

You're not new at these things! The speaker will ask you if you have been doing certain things for a long time. He (she) will use **hace** + the present tense in his (her) questions. Using the cue you will hear, say how long you have been doing these things. Use **llevar** plus the **-ndo** form. Repeat each correct response after the speaker's confirmation. Listen to the model.

Speaker: ¿Hace mucho que trabajas aquí?   (tres años)
Student: Sí, llevo tres años trabajando aquí.
Speaker: Sí, llevo tres años trabajando aquí.
Student: Sí, llevo tres años trabajando aquí.

IV. Listening Activities

A. *Listening comprehension*

You will hear six questions or statements, each followed by three suggested responses. Circle the letter of the correct response. Each item will be read twice.

1. a b c
2. a b c
3. a b c
4. a b c
5. a b c
6. a b c

B. *Answering questions*

You will hear a dialogue read twice. Listen to it carefully. After the second reading you will hear three questions read twice each. Based on the content of the dialogue, write an answer to each question during the pause provided.

Listen to the dialogue.

1. ....

2. ....

3. ....

C. *True/false*

You will hear a paragraph read twice. After the second reading the speaker will read six statements twice each. Based on the content of the paragraph, indicate on your worksheet whether each statement is true or false. Listen to the paragraph.

1. T F   2. T F   3. T F   4. T F   5. T F   6. T F

Lección 17 PUNTOS DE VISTA

¡Vamos a celebrar!

¡Feliz cumpleaños! A esa persona especial (*special*) que cumple años este mes Ud. querrá regalarle algo también especial, ¿verdad? ¿Por qué no escoge un regalo en Lion d'Or (el León de Oro = *The Gold Lion*), una tienda argentina? Lea el anuncio, estudie el vocabulario y conteste a las preguntas. Cuando le pregunten—¿Qué desea Ud.?—, ¿qué les dirá?

Vocabulario

PALABRAS AFINES

exclusivo
el servicio
  telefónico
la variedad

OTRAS PALABRAS

el **acontecimiento** event
  adecuado appropriate
  asesorado (asesorar) advised

efectuar to carry out
la **elección** selection, choice
el **obsequio** el regalo
  ofrecer (yo ofrezco) to offer
el **pedido** order
el **socio** member
  través: a través de por

ABREVIATURA

Bs. As. = Buenos Aires

1. ¿Por cuáles días felices, además de los cumpleaños, compra Ud. regalos?

   ....

   ....

2. ¿Para quiénes compra regalos de cumpleaños?

   ....

3. ¿Cuál es la fecha del cumpleaños de ellos?

   ....

4. ¿Qué les compraría a estas personas en el Lion d'Or?

   ....

5. ¿Cuál es el nuevo servicio del Lion d'Or?

   ....

6. ¿Para quiénes es el servicio?

   ....

7. ¿Con qué tarjeta de crédito se pide el regalo?

   ....

8. Si le es difícil escoger un regalo, ¿qué servicio ofrece la tienda?

   ....

9. El Lion d'Or tiene dos tiendas en dos ciudades. ¿Cuáles son las ciudades? ¿Cuál es la dirección de cada tienda?

   ....

   ....

10. Recuerde Ud. que Buenos Aires tiene una vida cultural muy importante (vea *Nuevos Rumbos,* Lección 15—el Teatro Colón, la Orquesta Nacional, etcétera). Además de darle a esa persona especial un regalo comprado en el Lion d'Or, ¿a cuál espectáculo le gustaría llevarla para celebrar su cumpleaños?

    ....

    ....

La vida social

En *El País,* un periódico publicado (*published*) en Madrid, hay anuncios de «Vida Social». «Onomásticas» (el día onomástico), es decir, el cumpleaños o el día del santo, es una lista (*list*) de personas que cumplen años ese día. Mira el anuncio, estudia el vocabulario y contesta a las preguntas. ¿Te gustaría leer el nombre (*name*) tuyo bajo (*under*) «Onomásticas» algún día?

Name.. Section............................ Date...........................

EL PAIS, lunes 4 de julio de 1983

VIDA SOCIAL

ONOMÁSTICAS

Hoy, 4 de julio, cumplen años las siguientes personas: José María Sánchez Muñoz, parlamentario andaluz, 39 años; Victoria Abril, actriz, 24 años; José Luis Castillo-Puche, escritor, 64 años.

Vocabulario

PALABRAS AFINES
onomástico
social

OTRAS PALABRAS
andaluz Andalusian (from Andalucía, region of southern Spain)

el **escritor** una persona que escribe
el **parlamentario** a member of parliament, congress
siguiente el que sigue

1. ¿Qué día cumplen años estas personas?

   ....

2. ¿Cuántos años cumple José María Sánchez Muñoz?

   ....

3. ¿Cuántos años cumple Victoria Abril?

   ....

4. ¿Cuál es su profesión?

   ....

5. ¿En qué año nació José Luis Castillo-Puche?

   ....

6. ¿Cuál es su profesión?

   ....

¡Feliz Navidad!

Una familia norteamericana recibió esta tarjeta de Navidad de unos amigos venezolanos en diciembre de 1984. Léela, estudia el vocabulario y contesta a las preguntas. Disfruta del sentimiento (*feeling*) afectuoso (*loving*) entre estos amigos.

Queridos Amigos:
Siempre los recordamos con gran cariño y les deseamos dicha y ventura para el 1985

Alfredo, Adriana, Andrés, Armando y Elena.

Reciban un fuerte abrazo.

Caracas 19-11-84

Para
una FAMILIA
Muy querida
Recordándolos especialmente
en Navidad deseándoles
un nuevo año, lleno
de ventura y prosperidad

Vocabulario

PALABRA AFÍN
la **prosperidad**

OTRAS PALABRAS
el **abrazo** hug

la **dicha** happiness
fuerte: un fuerte abrazo a big hug
la **ventura** luck, happiness

1. ¿Para qué les manda la familia venezolana esta tarjeta a sus amigos en E.E.U.U.? (= Estados Unidos)

   ....

2. ¿Quiénes firmaron la tarjeta?

   ....

Name..................... Section..................... Date..................

3. ¿Cómo recuerdan a sus amigos norteamericanos?

   ....

4. ¿Qué les desean a sus amigos?

   ....

5. ¿Qué quieren los venezolanos que sus amigos reciban de ellos?

   ....

6. ¿Dónde fue escrita la tarjeta?

   ....

7. ¿Cuándo fue escrita?

   ....

8. ¿Qué espera la familia venezolana que tengan sus amigos en el 85?

   ....

LECCIÓN 18

WORKBOOK EXERCISES

ESTRUCTURA 1

A. In each of the following sentences, change the verb in the main clause from the present tense to the imperfect and the verb in the dependent clause from the present subjunctive to the imperfect subjunctive.

Modelo: Queremos que no se importe petróleo.
→Queríamos que no se importara petróleo.

1. Espero que controlen la contaminación del ambiente.

   ....

2. Necesitan un carpintero que repare los muebles.

   ....

3. Buscamos unos dependientes que entiendan estos asuntos.

   ....

4. Es importante que luches contra la inflación.

   ....

5. Toma más cursos de ecología sin que lo discutamos.

   ....

6. No hay nadie que sea más egoísta que Beatriz.

   ....

7. Siento que Javier no mantenga a su familia.

   ....

8. No van a darte el informe a menos que yo lo lea.

   ....

9. El sindicato prefiere que no haya huelga.

   ....

10. Los obreros exigen que los dueños les den un aumento de sueldo.

....

ESTRUCTURAS 1 y 3

B. Complete each of the following statements with an appropriate noun or adjective clause in the imperfect subjunctive.

1. Le pedí al plomero que ....

2. Buscábamos una librería que ....

3. No había ningún pueblo que ....

4. Uds. dudaban que las grandes industrias norteamericanas ....

5. Necesitaban unos campesinos que ....

6. La Oficina de Inmigración prohibió que ....

7. Mis amigos me aconsejaron que ....

8. El sindicato les mandó a los obreros que ....

ESTRUCTURA 2

C. Complete each of the following conditional sentences by supplying the correct form of the verb in parentheses.

Modelo: Si ella viene, yo la *saludaré* (saludar).

Si ella *viniera* (venir), yo la saludaría.

1. Si él (dormir) .... la siesta, no tendría sueño.

2. Si tú (querer) .... la máquina de escribir, te la daré.

3. Si las industrias exportaran más, (haber) .... menos inflación en el país.

4. Si hay otras huelgas, (haber) .... más desempleo.

5. Si hace calor hoy, nosotros (poder) .... ir a la piscina.

6. Si pusieras la mesa ahora, ellos (servir) .... la comida.

7. Si yo (comprender) .... el problema, podríamos discutirlo.

8. Si Uds. no (asistir) .... a una escuela bilingüe, no aprenderán otro idioma.

Name.. Section............................ Date............................

D. Answer each of the following questions in a complete sentence containing a **si**-clause in the imperfect subjunctive and a main clause in the conditional.

1. Si pudieras hacer un viaje a otro país, ¿adónde irías?

   ....

   ....

2. Si tuvieras que controlar la contaminación del ambiente, ¿qué harías?

   ....

   ....

3. Si tus amigos te invitaran a salir, ¿qué espectáculo o partido te gustaría ver?

   ....

   ....

4. Si Ud. se graduara en junio de este año, ¿qué haría después?

   ....

   ....

5. Si Ud. pudiera realizar una de sus ambiciones, ¿cuál sería?

   ....

   ....

6. Si Ud. trabajara en la Oficina de Inmigración, ¿qué les aconsejaría a los inmigrantes indocumentados?

   ....

   ....

TRADUCCIÓN

E. Translate the following dialogue between striking union members and an industrial executive into Spanish.

1. Mr. Guerrero, we've come from the union to ask you to pay us more money.

   ....

   ....

2. I won't discuss anything with you (**Uds.**) while you continue with the strike.

   ....

   ....

3. We were hoping you would understand the problems of the workers.

   ....

   ....

4. Of course, I understand them. If I had the funds, I would give you a better salary.

   ....

   ....

5. The fact is that we can't support our families with what we're earning. The cost of living is so high.

   ....

   ....

   ....

6. Inflation is a problem for me, too. Prices are controlled, and the machines that are bought for this industry are very expensive.

   ....

   ....

   ....

7. If it were possible to fight inflation without (a) strike, we would do it. But we have no choice.

   ....

   ....

   ....

8. Unemployment is a danger for you and for me. If you go on with the strike, we'll lose a lot.

   ....

   ....

9. And if we don't go on with it, we, the workers, will lose much more.

   ....

   ....

COMPOSICIÓN

F. Write a paragraph in which you discuss agriculture and industry/technology in today's society. You might talk about some of the advantages and disadvantages of an agricultural existence by describing life on a farm (crops produced, animals, etc.). You could talk about the positive and negative aspects

Name.. Section............................ Date..........................

of an industrial society by describing life in an urban environment. You can relate economic and ecological factors such as inflation, exports/imports, unemployment, oil, environmental pollution, etc., to your discussion. Try to use the imperfect subjunctive and conditional sentences when appropriate.

....

....

....

....

....

....

....

....

....

....

....

....

Name.. Section............................ Date............................

Lección 18 LABORATORY WORKSHEET

I. Iniciación

Repeat each phrase or sentence after the speaker.

II. Continuación

Now listen to Javier Guerrero discuss his future plans.

III. Structure Drills

A. *The imperfect subjunctive*

Practice the forms of the imperfect subjunctive by changing the verb of the dependent clause to agree with each new subject that you hear. Repeat each correct response after the speaker's confirmation.

Speaker: Le pidieron que preparara un informe. (nosotros)
Student: Nos pidieron que preparáramos un informe.
Speaker: Nos pidieron que preparáramos un informe.
Student: Nos pidieron que preparáramos un informe.

B. *Conditional sentences*

Repeat each sentence after the speaker. Then, when you hear the tone, say the sentence again, changing the verb of the **si**-clause to the imperfect subjunctive and the verb of the main clause to the conditional. Repeat each correct response after the speaker's confirmation. Listen to the model.

Speaker: Si puedo, iré.
Student: Si puedo, iré.
        (*tone*)
        Si pudiera, iría.
Speaker: Si pudiera, iría.
Student: Si pudiera, iría.

IV. Listening Activities

A. *Listening comprehension*

You will hear six questions or statements, each followed by three suggested responses. Circle the letter of the correct response. Each item will be read twice.

1. a b c   3. a b c   5. a b c
2. a b c   4. a b c   6. a b c

B. Answering questions

You will hear two dialogues read twice. Listen to them carefully. After the second reading of each one, you will hear three questions read twice each. Based on the content of the dialogue, write an answer to each question during the pause provided.

Dialogue 1

1. ....

2. ....

3. ....

Dialogue 2

1. ....

2. ....

3. ....

Name.. Section............................. Date............................

Lección 18 PUNTOS DE VISTA

La computadora: Clave (*key*) del futuro

No hay nadie que no conozca la computadora, ¿verdad? (En España, se llama ordenador.) Eso es lo que se dice en este anuncio de la Compañía IBM. ¡Haz tus investigaciones (*research*)! Lee el anuncio, estudia el vocabulario y contesta a las preguntas. ¡Y no te olvides de llenar el cupón!

"¿Quién utiliza los Ordenadores Personales IBM?"

El arquitecto para reducir su tiempo de planificación.

El Gobierno para aliviar de trabajo a sus grandes ordenadores.

El electricista para ahorrar tiempo y tener más ideas luminosas.

El florista para registrar sus experimentos con híbridos.

El chef para actualizar sus recetas cada vez que las mejora.

El dentista para recordar a cada cliente cuándo necesita una revisión.

El director del zoológico para calcular los gastos y la alimentación.

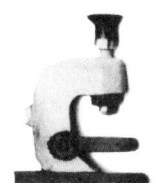
El científico para investigar en las grandes bibliotecas.

El doctor para tener los datos de sus pacientes a su alcance.

El profesor para corregir exámenes.

El agente de viajes para tener el mundo en la mano.

El farmacéutico para reponer inventario de más de 45.000 medicamentos.

¿Quiere Vd. beneficiarse también, de todas esas posibilidades? Visite al Concesionario Autorizado del Ordenador Personal IBM más cercano.
Puede ser la persona que Vd. necesita.

Rellene el cupón o envíelo junto con su tarjeta de visita a IBM España Distribuidora de Productos, S. A. Apartado de Correos 14.817. 28046 Madrid.

Nombre
Actividad
Calle
C.P.   Ciudad
Teléfono
Provincia

Name.. Section............................ Date...........................

Vocabulario

PALABRAS AFINES

el **arquitecto**
  autorizado
  beneficiarse
el **cupón**
el **chef**
la **distribuidora**
el **experimento**
el **florista**
el **híbrido**
el **inventario**
  luminoso
  personal
la **posibilidad**
el **producto**
la **provincia**
  reducir
  utilizar

OTRAS PALABRAS

la **actividad** occupation
  actualizar to update
  alcance (a su alcance) at hand
la **alimentación** feeding
  aliviar to lighten

  cercano nearby
el **científico** scientist
el **concesionario** dealer
  corregir to correct
los **datos** information, data
el **electricista** electrician
  enviar mandar
el **farmacéutico** pharmacist
los **gastos** expenses
  investigar to do research
  junto con along with
el **medicamento** medicina
el **ordenador** (*España*) la computadora
la **planificación** planning
la **receta** recipe
  recordar to remind
  registrar to record
  rellenar llenar
  reponer to replace
la **revisión** checkup
la **tarjeta de visita** business card

ABREVIATURAS

C.P. = **Código Postal** zip code
S.A. = **Sociedad Anónima** Inc.

1. ¿Qué logra hacer **el arquitecto** con el ordenador personal IBM? (el director del zoológico, el florista, el chef)

   ....

   ....

2. ¿Qué posibilidades tiene **el profesor** con la computadora IBM? (el gobierno, el farmacéutico, el doctor)

   ....

   ....

3. ¿Quién **tendría más ideas luminosas** si tuviera un ordenador personal? (podría recordar a sus clientes cuándo necesitan una revisión, investigaría en las grandes bibliotecas, tendría el mundo en la mano, ahorraría tiempo)

   ....

4. Según el anuncio, ¿a quién debes visitar para conseguir información sobre la computadora IBM?

   ....

5. ¿Adónde debes mandar el cupón?

   ....

6. ¿Qué debes mandar con el cupón?

   ....

7. Ahora, rellena el cupón.

8. ¿Qué lograrías hacer si tuvieras una computadora personal?

   ....

   ....

El mundo actual: La computadora

Este anuncio apareció (*appeared*) en *El Universal,* un periódico de Caracas, Venezuela. Después de leerlo, estudie el vocabulario y conteste las preguntas. ¿Es cierto que la «computación es futuro»?

Vocabulario

PALABRAS AFINES

el **analista**
la **duración**
el **instituto**
   intensivo
   limitado
el **operador**
la **orientación**
la **práctica**
   profesional
el **programador**
el **sistema**

OTRAS PALABRAS

el **apoyo** support
el **cupo** enrollment, space
   diurno daily
el **edificio** building
la **inscripción** enrollment
   sabatino los sabados

ABREVIATURAS

Av. = **Avenida**
3 er. = **tercer(o)**
mts. = **minutos**

Name.. Section............................ Date............................

1. ¿Qué significa (*mean*) «computación es futuro»?

   ....

   ....

2. Según el anuncio, ¿cómo puede Ud. ser el mejor operador de computadoras, programador y analista de sistemas?

   ....

   ....

3. ¿Qué representa la sigla (*abbreviation in initials*) ICICOM?

   ....

4. ¿Cuál es **la dirección** de ICICOM?   (el teléfono)

   ....

5. ¿Cómo son los profesores del instituto?

   ....

6. ¿Qué le dan al estudiante?

   ....

7. ¿Cuándo hay clases en el instituto?

   ....

8. ¿Cuánto tiempo duran (*last*) las clases?

   ....

9. ¿Se permite entrar en una clase a todos los estudiantes que quieran asistir?

   ....

10. ¿Qué computadoras se usan en el instituto?

    ....

11. Si Ud. quisiera estudiar computación, ¿tomaría un curso en el ICICOM? ¿Por qué?

    ....

    ....

ANSWER KEY

Lección 1

Workbook Exercises

A. 1. Tomamos / Toma / Tomo / Tomas fruta y queso.
2. Trabajan / Trabajo / Trabajas / Trabaja en un teatro.
3. Visitan / Visito / Visita / Visitamos la plaza.

B. 1. Trabajo de lunes a jueves. 2. Visitamos el museo mañana. 3. Hablamos (Uds. hablan) italiano con Rosa y Marcos. 4. Estudio hoy en la oficina. 5. María trabaja hoy y mañana. 6. Tomo té y un pastel. 7. Visita(s) la plaza el domingo. 8. Hablo con el señor Torres.

C. 1. No, no trabajo en la tienda todo el día. 2. No, Laura no estudia ruso. 3. No, no visitamos el museo de arte hoy. 4. No, no estudio alemán con Jorge. 5. No, no trabajamos en el Hotel Paraíso. 6. No, los chicos no toman helado en el café. 7. No, el banco no queda al lado del correo. 8. No, no hay museos en la calle Princesa.

D. 1. ¿Las chicas trabajan en un teatro? ¿Trabajan las chicas en un teatro? ¿Trabajan en un teatro las chicas?
2. ¿Tú tomas fruta? ¿Tomas tú fruta? ¿Tomas fruta tú?
3. ¿Fernando visita el museo de arte? ¿Visita Fernando el museo de arte? ¿Visita el museo de arte Fernando?

E. 1. las señoritas 2. los lunes 3. los pasteles 4. las chicas 5. los días 6. las avenidas 7. unos hoteles 8. unos quesos 9. unas plazas 10. unos cines 11. unas calles 12. unas tiendas

F. 1. del 2. de la 3. del 4. del 5. de las 6. de los

G. 1. Toma el helado del restaurante. 2. Toman el helado del cine. 3. Tomo el helado de la tienda. 4. Toma el helado del teatro. 5. Toman el helado de la Avenida San Antonio. 6. Tomamos el helado del Hotel Paraíso.

H. 1. Anita Montes habla inglés y español. 2. Estudia francés e italiano también. 3. Trabaja en la oficina del museo de arte. 4. El museo queda en la Calle Serrano. 5. Hay un café en frente del museo. 6. Anita toma té y un pastel allí todos los viernes.

Laboratory Worksheet

(V) A. 1. b 2. a 3. b 4. c 5. a 6. a

B. 1. T 2. F 3. F 4. F

Lección 2

Workbook Exercises

A. 1. Deben / Debo / Debe / Debemos / Debe.
2. Escriben / Escribe / Escribo / Escribes / Escriben.
3. Leen / Lees / Leen / Leen / Lee.

B. 1. quieres 2. voy 3. podemos 4. quieren 5. vamos 6. puedo 7. vas 8. queremos 9. puede 10. van

C. 1. estudian 2. quiere 3. cree 4. van 5. deben 6. aprende 7. lee 8. necesitan 9. pueden 10. pasan

D. Ia. El profesor quiere enseñar química. b. Tú trabajas en un hotel. c. Nosotros queremos sacar buenas notas. d. Los chicos quieren tomar un café.

IIa. Yo no puedo estudiar como un loco. b. Los profesores no pueden leer todas las composiciones. c. La médica no puede trabajar tanto. d. Los chicos no pueden leer tantos libros.

IIIa. María debe estudiar para el examen de física. b. Los abogados deben leer muchos libros. c. Nosotros debemos escribir la composición. d. Ellos deben ir a la universidad.

E. 1. Veinticinco profesoras enseñan sicología. 2. ¿Quiénes pueden tomar cuatro materias? 3. Joaquín debe visitar quince museos. 4. Hay treinta y dos chicos en la clase de español. 5. Los ingenieros quieren aprender un idioma. 6. Hay noventa y siete libros de filosofía en la biblioteca.

F. 1. Muchas profesoras enseñan en la universidad.
2. Quiero hablar muchos idiomas. 3. Leemos mucho.
4. Necesito trabajar muchos días. 5. Aprendemos mucho en la clase de historia. 6. Debes visitar muchas oficinas hoy.

Laboratory Worksheet

(V) A. 1. b 2. c 3. b 4. c 5. c 6. a

B. 1. F 2. T 3. F 4. F

C. Answers will vary. Suggested responses: 1. Toma dos exámenes mañana. 2. Necesita aprender mucho para el examen de historia. 3. Debe escribir una composición (para la clase de literatura).

Lección 3

Workbook Exercises

A. 1. estás 2. estoy 3. está 4. está 5. está 6. está, está 7. está, están 8. está, está, estás 9. estoy, está, estoy

B. 1. Estos hoteles están abiertos. 2. Estas arquitectas están aburridas. 3. Las profesoras están nerviosas. 4. La universidad está cerrada. 5. Esta dentista está enojada. 6. Esos amigos están mejor.

C. 1. Sus hijos están ocupados. 2. Mi abuela acaba de llegar. 3. Nuestros cafés están cerrados. 4. Tengo que hablar con mi tío. 5. ¿Tu profesora tiene un poco de gripe? 6. Necesitamos esas pastillas. 7. Sus hermanos están bien.

D. 1. Esta tienda está abierta, pero aquellos supermercados están cerrados. 2. Aquellas calles están lejos, pero esta plaza está cerca. 3. En ese café venden helado, pero este restaurante tiene solamente fruta y queso. 4. Esa profesora enseña bien, pero estos profesores enseñan mal.

E. 1. none 2. none 3. la 4. la 5. el 6. la 7. la 8. none

F. 1. Sí, tengo que tomar esta medicina. 2. Sí, tenemos que leer estos libros. 3. Sí, (mi papá) tiene que descansar hoy. 4. Sí, tengo que trabajar en la librería.

G. 1. Acaban de llegar. 2. Acabo de hablar con el ingeniero. 3. Acabamos de ir al supermercado. 4. Acaba de escribir su composición.

H. 1. Toda mi familia está enferma. 2. Mis hermanos (Mi hermano y mi hermana) tienen un poco de gripe. 3. Van a descansar hoy. 4. Nuestro padre (papá) tiene una infección. 5. Por desgracia, tiene que trabajar. 6. Nuestra madre (mamá) toma aspirina todo el día porque no está bien. 7. Está preocupada porque nuestro papá (padre) está enfermo. 8. (Yo) tengo una infección. Acabo de tomar un antibiótico.

Laboratory Worksheet

(V) A. 1. a 2. a 3. c 4. b 5. a 6. b

B. 1. b 2. a 3. c 4. b 5. a 6. b

C. Answers will vary. Suggested responses: 1. Varias personas están enfermas. 2. Hay tres personas en la familia. 3. Porque quieren pasar algunos días en casa. 4. Tiene un virus. 5. Estudia literatura y sicología. 6. Porque no puede tomar sus exámenes. *or* Si no toma sus dos exámenes, no va a sacar buenas notas.

Lección 4

Workbook Exercises

A. 1. es, soy, es, soy, son 2. son, soy, es, son, son 3. son, son, son, es, es, son, son 4. eres, soy, eres, soy, es, son

B. 1. La oficina del abogado 2. El hospital del doctor Franco 3. La mamá (madre) de mi vecina 4. El novio de su amiga 5. Los hijos de los (señores) Reyes

C. somos, son, está, es, están, son, ser, estamos, estamos, es, es, es, están

D. 1. españoles 2. inglés 3. Venezuela 4. norteamericanos 5. francesas 6. Irlanda 7. Brasil 8. Alemania

E. 1. aquella señora hondureña 2. algunos primos mexicanos 3. una clase aburrida 4. nuestra tía gorda 5. tus ojos castaños 6. su hermana menor 7. tanto pelo rubio 8. pocas personas deprimidas

F. 1. Soy de los Estados Unidos. 2. Estoy en Venezuela ahora porque estudio en la universidad. 3. Mi familia es hispana. 4. Mi papá es de origen español. 5. Mi mamá es de Cuba. 6. Vivo con una familia venezolana. 7. Estoy muy contenta aquí. 8. Tengo muchos amigos y un novio venezolano. 9. Manolo es alto, moreno y guapo. 10. Estoy siempre ocupada con mis cursos y con Manolo. ¡No estoy aburrida!

Laboratory Worksheet

(V) A. 1. c 2. b 3. b 4. a 5. b

B. 1. a 2. a 3. b 4. b 5. c

C. 1. T 2. T 3. F 4. T 5. F

Lección 5

Workbook Exercises

A. 1. Piensan / Piensas / Pensamos / Piensa comprar un suéter. 2. No pueden / puede / podemos / puedes encontrar el almacén. 3. ¿Qué color prefiere / prefieren / prefiere / prefieres? 4. Encuentro / Encuentran / Encuentra / Encuentra

B. 1. none 2. a, none 3. none 4. a 5. a 6. none 7. none 8. a 9. a

C. 1. Sí, las llevamos (al colegio). 2. Sí, lo conozco. 3. Sí, tiene que visitarlos. *or* Sí, los tiene que visitar. 4. Sí, la quieren vender. *or* Sí, quieren venderla. 5. Sí, las vemos. 6. Sí, los encuentro. 7. Sí, debes acompañarla. *or* Sí, la debes acompañar.

D. 1. conoces, conozco, sé, sabes, conozco 2. sabe, sé, conozco, conoce, conozco, sé, sé, sé

E. 1. ¿Cuántos dependientes trabajan en el almacén? 2. ¿Qué venden? 3. ¿Dónde está el almacén? 4. ¿Cómo es el almacén? 5. ¿Quiénes compran ropa en este almacén? *or* ¿Dónde compra ropa la familia Díaz? 6. ¿Por qué compran ropa allí? 7. ¿Cómo son los precios?

F. 1. ¡Caramba, no sé cuál (qué) chaqueta comprar! 2. Esta chaqueta es de algodón y cuesta solamente noventa y cinco dólares. 3. Pero la otra chaqueta es tan hermosa. 4. Yo te conozco, Juana. (Tú) prefieres el color verde. 5. Claro. Y prefiero este estilo también. 6. Puedes llevarla con un pantalón gris. 7. Por desgracia, no tengo un pantalón gris. Ahora tengo que comprarlo también. 8. ¡Qué ganga!

Laboratory Worksheet

(V) A. 1. a 2. c 3. c 4. a 5. b

B. 1. a 2. b 3. b 4. a 5. c

C. Answers will vary. Suggested responses: 1. Trabajan en el almacén Villa Antonio, su padre y sus dos hermanos. 2. Es grande y hermoso. 3. Porque la ropa, los precios, y los dependientes son buenos. 4. Porque si un dependiente no es simpático (amable), no puede trabajar allí. 5. Trabaja en la oficina del almacén.

Lección 6

Workbook Exercises

A. 1. Vengo de la oficina de empleos. 2. Les doy el dinero. 3. Le (Te) decimos los precios. 4. Oigo mucho ruido. 5. Servimos el café por la tarde. 6. Les (nos) piden ese periódico. 7. Conseguimos un buen empleo. 8. Te digo dónde trabajo mañana. 9. Uds. oyen la verdad. 10. Sirvo té y galletas.

B. 1. Es para Uds. 2. Deben ir al Barrio conmigo. 3. Son de Ud. 4. Lo compro para ella. 5. Es para nosotros. 6. Voy a venir contigo.

C. 1. Te dan / Les dan / Me dan / Le dan / Les dan los lápices. 2. Le paga / Me paga / Les paga / Nos paga / Te paga el dinero.

D. 1. Van a servirnos el café. 2. Te quiero decir dónde están. 3. ¿Le piensas vender esos libros? 4. Debe hablarles ahora. 5. Le enseñamos los trajes. 6. Le piden cinco dólares. 7. Me da un regalo.

E. Answers will vary. Some suggestions: 1. Me gusta, Me encanta, Me importa mucho 2. Me gustan, Me encantan 3. Me falta, Me queda 4. Me gusta, Me interesa, Me parece bien 5. Me falta, Me parece bien 6. Me encanta, Me gusta,

Me interesa 7. Me gusta, Me falta, Me importa mucho, No me interesa 8. Me gustan, No me gustan 9. No me importa mucho, Me gusta, Me interesa 10. Me gustan, No me gustan

F. 1. Voy a terminar mis clases en la universidad en junio. 2. En septiembre empiezo (comienzo) a estudiar derecho. 3. Voy a trabajar en julio y agosto. 4. Pienso ir a la oficina de empleos. 5. También puedo leer los anuncios de empleo en el periódico. 6. Prefiero trabajar de cajera en un restaurante o en un hotel. 7. Y no me importa si tengo que trabajar los fines de semana. 8. Solamente me interesa ganar dinero.

Laboratory Worksheet

(V) A. 1. c 2. b 3. b 4. c 5. a

B. 1. F 2. F 3. T 4. T 5. F

C. 1. a 2. a 3. c 4. c 5. b

Lección 7

Workbook Exercises

A. 1. Sí, hago el café (allí). 2. Sí, le traemos un regalo. 3. Sí, salgo a comer a las tres. 4. Sí, hacemos un viaje. 5. Sí, salimos con nuestros primos. 6. Sí, nos hacen falta unas guías turísticas nuevas. 7. Sí, te traigo unos guantes de cuero. 8. Sí, me hace falta descansar un poco.

B. 1. Les traigo unos periódicos. 2. Salgo a las once y cuarto. 3. Nos hace falta un traje de baño. 4. Vendí el coche hace seis meses. 5. Hace mucho calor. 6. Hace veinticinco grados. 7. Hace dos años que voy a esa piscina.

C. 1. Salí a comer a las dos. 2. Volvieron de la playa. 3. ¿Le diste la guía turística? 4. No encontré el paraguas. 5. Me gustó esa comida picante. 6. Les enseñamos los anuncios. 7. ¿Recibieron Uds. las cartas? 8. No nevó en Veracruz.

D. 1. Ya lo visité. 2. Ya comí en restaurantes mexicanos. 3. Ya la conocí. 4. Ya lo vi. 5. Ya viajé a la playa. 6. Ya lo pasé en Veracruz. 7. Ya llevé la guía turística. 8. Ya los compré.

E. 1. Me llamó a las ocho menos cinco de la mañana. 2. Salí de casa a las nueve y quince de la mañana. 3. Llegué a la universidad a las once menos cuarto. 4. Comimos a la una de la tarde. 5. Entré en la biblioteca a las tres y media de la tarde. 6. Empezó a llover a las cinco y veinte de la tarde. 7. Terminé de estudiar a las siete menos veinte de la noche. 8. Volví a mi casa a las ocho de la noche.

F. 1. Son las cuatro y veinticinco. 2. Es la una y diez. 3. Son las ocho y media. 4. Son las once menos cuarto. 5. Son las doce. 6. Son las seis menos cinco.

G. 1. Pienso hacer un viaje a México en julio. 2. Mis padres me llevaron allí hace tres años. 3. Me hacen falta muchas cosas para el viaje. 4. Voy a llevar una guía turística, y un traje de baño para las playas de Veracruz. 5. Voy a llevar un impermeable y un paraguas en la ciudad de México. 6. En la capital llueve todas las tardes. 7. Y por la noche hace fresco. 8. Conocí muy bien la ciudad de México, y me encantó. 9. Hace mucho tiempo que quiero volver.

Laboratory Worksheet

(V) A. 1. b 2. a 3. b 4. c 5. a 6. c 7. a

B. 1. c 2. b 3. c 4. b 5. b

C. Answers will vary. Suggested responses: 1. Elena vive en los Estados Unidos porque su esposo trabaja para el Banco de Venezuela en Nueva York. 2. Hace mal tiempo. (Hace frío. Está nublado. Hace mucho viento. Nieva.) 3. Elena piensa ir a Venezuela (. . . a Caracas). 4. Elena va con su esposo. 5. Los Mercado son de Caracas (. . . de Venezuela). 6. El Hotel Constitución está cerca de la playa (. . . está en Caracas).

Lección 8

Workbook Exercises

A. 1. ¿Uds. pidieron otro vino? 2. No durmió bien en esa casa. 3. Probé este plato. 4. Preferimos volver por la noche. 5. ¿El señor Valdés murió? 6. Almorzaron a las dos.

B. 1. Bueno, ya la puso. 2. Bueno, ya los trajeron. 3. Bueno, ya almorcé. 4. Bueno, ya las hice. 5. Bueno, ya fue a Santiago. 6. Bueno, ya lo tuvimos.

C. 1. Me lo hizo Teresa. 2. Nos las enseñaron los Pérez. 3. Me lo prepararon los cocineros. 4. Se (te) los dejó un niño. 5. Me los trajo José Luis. 6. Se lo pidieron los empleados.

D. 1. No pudo vendérnoslas. No nos las pudo vender. 2. Se lo quise leer. Quise leérselo. 3. ¿Tuviste que servírsela? ¿Se la tuviste que servir? 4. Te las quisieron enseñar. Quisieron enseñártelas. 5. Necesitamos pedírselo. Se lo necesitamos pedir. 6. Me lo van a hacer. Van a hacérmelo.

E. 1. simpatiquísima 2. riquísima 3. grandísimos 4. ocupadísimas 5. interesantísimo 6. altísimos

F. 1. que 2. que 3. que 4. que 5. quienes 6. que

G. 1. Mi mamá y yo tomamos el autobús al centro ayer. 2. Fuimos al Bazar Santiago. 3. Yo compré una blusa roja, y mamá encontró un vestido muy bonito. 4. Después de buscar gangas en (las) otras tiendas, entramos al restaurante Europa. 5. El mozo nos trajo el menú y puso la mesa. 6. Yo pedí sopa, pollo y una ensalada. 7. Mamá pidió pescado y legumbres. 8. Tomamos vino y torta de chocolate de postre. 9. Los platos que probamos estuvieron riquísimos (ricos). 10. Mamá pagó la cuenta, y yo dejé la propina.

Laboratory Worksheet

(V) A. 1. a 2. c 3. b 4. a 5. b

B. 1. T 2. T 3. F 4. F 5. F 6. T

C. Answers will vary. Suggested responses: 1. Bárbara hizo el desayuno para su familia: su esposo, su mamá, y sus dos hijos. 2. Sirvió huevos, pan, jugo, café y leche. 3. Los niños comen sándwiches que les prepara su mamá porque no les gusta la comida del colegio. 4. Bárbara, su esposo y su mamá almorzaron en casa. 5. Su mamá la ayudó con la mesa. 6. Fue al supermercado. 7. Hizo pescado, legumbres, queso y fruta. 8. Las mozas y las cocineras reciben un sueldo.

Lección 9

Workbook Exercises

A. 1. Ya se fueron. 2. Ya se vistieron. 3. Ya me bañé. 4. Ya nos mudamos. 5. Ya se peinaron. 6. Ya se casó. 7. Ya me quejé.

B. Answers will vary. Suggested responses: 1. Anoche me acosté a... 2. Hoy me desperté a... 3. Ayer (no) me puse un

abrigo porque... 4. Me peino antes (después) de vestirme.
5. Sí, mis profesores se enojan si llego tarde. *or* No, mis profesores no se enojan... 6. Me olvido de muchas cosas. *or* Me acuerdo de todo. 7. Nos sentimos...

C. 1. Ellos no se acordaron de esto. 2. Lo malo del viaje es el calor. 3. No nos gustó lo que dijo. 4. No se va a olvidar de aquello. 5. Los estudiantes se quejan lo menos posible. 6. No sé lo que recibiste. 7. Lo interesante de la clase es el informe. 8. No me gusta lo de los exámenes.

D. 1. Pero antes lo veíamos todos los días. 2. Pero antes era buena todos los días. 3. Pero antes recibían una carta de mi hermano todos los días. 4. Pero antes se quejaban todos los días. 5. Pero antes nos despertábamos temprano todos los días. 6. Pero antes comías en casa todos los días. 7. Pero antes hacía calor todos los días. 8. Pero antes íbamos al cine todos los días.

E. 1. Llamé a María porque quería salir con ella. 2. No pude hablar con ella porque estaba en la universidad.
3. Cuando llamé a las cinco de la tarde, María se duchaba.
4. Ella dijo que tenía ganas de salir conmigo. 5. Le pregunté si le gustaba la comida italiana. 6. Ella me contestó que sí, y que conocía un restaurante muy bueno.

F. 1. cien 2. trescientas una 3. cuatrocientos setenta y un 4. seiscientos cincuenta y tres 5. ochocientos noventa y dos 6. mil 7. cuatro mil ochocientos treinta y un 8. siete mil novecientas cincuenta y seis 9. ocho mil quinientos diecisiete kilómetros 10. diez mil

G. 1. Les quería preguntar. ¿Se sentían Uds. cansados cuando el avión llegó a Madrid? 2. Un poco. El viaje fue muy largo. Viajamos siete horas. 3. Teníamos mucha hambre cuando por fin sirvieron el almuerzo. Pero nos gustó la comida. 4. Tu padre comió tanto que se durmió después del almuerzo. 5. Bueno, papá siempre dormía la siesta después del almuerzo cuando comía mucho. 6. Cuando llegamos a nuestro hotel teníamos calor. Por eso nos duchamos y nos cambiamos de ropa. 7. Tu mamá tenía sueño, pero yo tenía ganas de ver algo. Dimos un paseo por el barrio donde vivíamos. 8. El hotel era muy bonito y estaba (quedaba) cerca de la Plaza Mayor. ¡Y nos encantó Madrid!

Laboratory Worksheet

I. A. 1. b 2. a 3. a 4. c 5. b 6. b

B. 1. T 2. F 3. T 4. F 5. F 6. F 7. F 8. T

C. Answers will vary. Suggested responses: 1. Es abogado. 2. Se despertó tarde. 3. No le quedaba tiempo para prepararse el desayuno. 4. Llegó en taxi a las nueve y media. 5. Los clientes se quejaban mucho y Manolo no estaba para leer las cartas que llegaron. 6. No pudo seguir con su trabajo porque necesitaba el informe que Manolo traía.

Lección 10

Workbook Exercises

A. nació, tenía, dejó, se fue, miraba, creía, había, Tenía, pensaba, iba, aprendió, terminó, estudiaba, necesitaba, entró, faltaba, seguía, llegó, realizó, pensaba, se olvidaba, era

B. 1. la, el 2. el, no article 3. la, el 4. la, no article 5. las 6. no article 7. la 8. el, el 9. no article 10. el

C. Answers will vary.

D. 1. No, viven cuatro millones ochocientas mil personas.
2. No, tiene un millón setecientos mil libros. 3. No, queda a once millones de millas de la tierra. 4. No, está a veintiún mil doscientos kilómetros de aquí. 5. No, hay ciento seis mil casas. 6. No, cuesta veintidós mil cuatrocientos dólares.

E. 1. recibas 2. comprendan 3. se divorcien 4. nos adaptemos 5. se acuesten 6. se vistan 7. estén 8. se dé cuenta 9. pruebe 10. nos ofendamos

F. 1. —Mamá, ¿quieres que llame a mis amigos ahora? —No, prefiero que me ayudes primero. 2. —Mamá, ¿quieres que coma ahora? —No, prefiero que estudies primero. 3. —Mamá, ¿quieres que sirva la torta ahora? —No, prefiero que busques los platos primero. 4. —Mamá, ¿quieres que conteste la carta ahora? —No, prefiero que me la leas primero. 5. —Mamá, ¿quieres que solicite un empleo ahora? —No, prefiero que termines las clases en el colegio primero. 6. —Mamá, ¿quieres que lleve a Carlos al cine? —No, prefiero que te quedes en casa con Marisol primero.

G. 1. —El profesor quiere que le demos el informe mañana. —Ojalá que lo terminemos. 2. —El profesor quiere que estemos a las ocho. —Ojalá que no lleguemos tarde.
3. —El profesor quiere que expliquemos los problemas. —Ojalá que contestemos bien. 4. —El profesor quiere que tomemos un examen. —Ojalá que nos acordemos de todo.
5. —El profesor quiere que saquemos libros de la biblioteca. —Ojalá que no nos olvidemos. 6. —El profesor quiere que estemos contentas en su clase. —Ojalá que nos adaptemos.

H. 1. Me llamo Adriana Aguilar y tengo 27 años.
2. Siempre quería tener una profesión y ahora estudio para abogada. 3. Tal vez termine mis clases este año. 4. Mis hijos se alegran (de) que yo empiece a trabajar. 5. Voy a poder pasar más tiempo con ellos. 6. Me olvidé de decirles—me divorcié hace cuatro años. 7. Mi marido era médico. Nos casamos el quince de octubre de mil novecientos setenta y nueve. 8. Siempre me decía: no quiero que trabajes. Quiero que te dediques a la casa y a los niños.
9. Pero yo quería tener una profesión también. No tenía ganas de quedarme siempre en casa. 10. Mi esposo y yo no nos llevábamos muy bien y tuvimos que divorciarnos.
11. Mis padres quieren que yo vuelva a casarme. 12. Pero para mí ahora lo importante es mi profesión.

Laboratory Worksheet

(V) A. 1. c 2. b 3. b 4. a 5. a 6. c

B. Answers will vary. Suggested responses: Dialogue 1:
1. Hablan José y Martín. 2. La esposa de José es mexicana.
3. Se divorciaron porque la esposa de Martín se dedicaba (demasiado) a su profesión. 4. La esposa de Martín era doctora. 5. Tal vez vuelva a casarse. Dialogue 2: 1. Hablan una mujer y un hombre. 2. Están en un restaurante. 3. Él le pregunta cuánto debe dejarle al mozo de propina. 4. No, no le gustó la comida. 5. El mozo se olvidó de traer el pan.
6. Ella quiere dejarle dos dólares. Dialogue 3: 1. Están en Nueva York. 2. Teresa vino en mil novecientos setenta y uno. 3. Teresa tenía cuatro años. 4. Su familia es de Cuba.
5. Los padres de Teresa no se adaptaron a la vida norteamericana.

Lección 11

Workbook Exercises

A. pensaba / pudo / hacía / quedaba / Salió / estaba / se encontró / estaba / saludó / preguntó / parecía / empezó / tenía / dijo / quería / quería / creía / salía / pasó / volvió / eran / tuvo

B. Answers will vary.

C. Es necesario que Uds. 1. llenen la planilla amarilla. 2. hagan un cheque. 3. abran una cuenta conjunta. 4. traigan la libreta para sacar dinero. 5. firmen esta tarjeta blanca. 6. pasen a la otra ventanilla. 7. vayan a otro banco para cambiar los pesos mexicanos. 8. tengan un mínimo de doscientos dólares en la cuenta.

D. Answers will vary.

E. 1. pobremente 2. felizmente 3. tristemente 4. personalmente 5. probablemente 6. maravillosamente

F. C. Creo que me va a gustar este barrio. Mañana quiero que me enseñes las tiendas y los restaurantes que te gustan. J. Cómo no. Oye, quería preguntarte si querías abrir una cuenta en uno de los bancos del barrio. C. Buena idea. Todavía no conozco los bancos por aquí. J. En ese caso te aconsejo que encuentres uno hoy. No creo que sea bueno esperar. ¿Quieres que te lleve a mi banco? C. Si no te importa. Debo abrir una cuenta corriente en seguida. J. En ese caso es mejor que vengas conmigo esta tarde. Tengo que cobrar un cheque y tú puedes abrir tu cuenta.

Laboratory Worksheet

(V) A. 1. b 2. b 3. a 4. c 5. a

B. Dialogue 1: 1. b 2. c Dialogue 2: 1. c 2. b 3. a Dialogue 3: 1. a 2. a 3. c

Lección 12

Workbook Exercises

A. 1. nadie 2. también, tampoco 3. nunca 4. ni 5. nada 6. ni, ni 7. alguien 8. ningún 9. también 10. o, o 11. ni, ni 12. algunas

B. 1. El jefe no ha llegado. 2. Los secretarios no han empezado a trabajar. 3. Uno de ellos ha hecho el café. 4. Nadie ha llamado todavía. 5. La señorita Díaz ha ido a buscar unos pasteles. 6. No ha vuelto todavía. 7. Una de las secretarias me ha visto. 8. Me ha invitado a tomar un café con ella. 9. Les he dicho que he venido a ver al señor Caballero. 10. Me han pedido que espere.

C. 1. No, ya me he vestido. 2. No, ya se han vestido. 3. No, ya nos hemos vestido. 4. No, ya se ha vestido.

D. 1. Sí, ya le hemos dicho que venga. 2. Sí, ya le han dicho que venga. 3. Sí, ya le he dicho que venga. 4. Sí, ya le ha dicho que venga.

E. 1. ¡Qué lástima! ¿Por qué no lo han traído? 2. ¡Qué lástima! ¿Por qué no lo han (hemos) traído? 3. ¡Qué lástima! ¿Por qué no lo he traído? 4. ¡Qué lástima! ¿Por qué no lo han traído?

F. 1. primera 2. buen 3. gran 4. tercer 5. ningún 6. algunos 7. uno 8. grandes

G. 1. ¿Cinco? ¿Y dónde está el sexto? 2. ¿Uno? ¿Y dónde está el segundo? 3. ¿Tres? ¿Y dónde está la cuarta? 4. ¿Ocho? ¿Y dónde está el noveno? 5. ¿Siete? ¿Y dónde está la octava? 6. ¿Nueve? ¿Y dónde está la décima?

H. 1. Hace dos años que el doctor Alameda trabaja en nuestra clínica. 2. Ningún otro médico se dedica a su profesión como él. 3. Ha ayudado a tanta gente con tantas enfermedades diferentes. 4. Nunca ha dicho que está demasiado cansado para tratar a alguien. 5. El doctor Alameda enseña a sus pacientes a cuidarse. 6. Ni se queja ni se enoja. Le encanta su trabajo.

Laboratory Worksheet

(V) A. 1. b 2. c 3. b 4. b 5. a 6. b 7. a

B. 1. F 2. F 3. T 4. F 5. F 6. F 7. T

Lección 13

Workbook Exercises

A. 1. Se solicita la tarjeta verde aquí. 2. Se piden los formularios. 3. Uno se sienta aquí. 4. Se llenan los formularios. 5. Se firman todos los formularios. 6. Se habla con los agentes. 7. Se pasa a la otra oficina. 8. Se consigue la tarjeta verde allí.

B. Answers vary.

C. 1. Se me cayeron los platos. 2. Se te (le) perdió el paraguas. 3. Se nos olvidó depositar el cheque. 4. Se me rompieron los lentes de contacto. 5. Se les acabaron los ahorros. 6. Se le quedó en casa la libreta de banco.

D. 1. Se me perdió el libro de matemáticas. 2. Se me cayeron los anteojos. 3. Se me rompieron los anteojos. 4. Se me acabó el dinero. 5. Se me quedaron las plumas en casa. 6. Se me olvidó hacer mi (la) composición.

E. 1. Se nos perdió el libro de matemáticas. 2. Se nos cayeron los anteojos. 3. Se nos rompieron los anteojos. 4. Se nos acabó el dinero. 5. Se nos quedaron las carteras en casa. 6. Se nos olvidó hacer el informe.

F. 1. Vamos a comprar en la tienda que quieras. 2. Te voy a preparar el postre que quieras. 3. Te voy a enseñar el informe que quieras. 4. Te voy a llevar a la librería que quieras.

G. 1. Van a sentarse donde les digamos. 2. Van a prepararlo según (como) les digamos. 3. Van a almorzar donde les digamos. 4. Van a hacerlo según (como) les digamos.

H. 1. donde quiera 2. aunque me haga falta 3. el libro que te interese 4. al colegio que tenga buenos profesores 5. las pastillas que no produzcan náuseas 6. como quieras 7. según me digas 8. a la hora que tú permitas

I. 1. Alfonso Meza y Guillermo Elizondo son de Colombia. Tienen una visa y han venido a los Estados Unidos a (para) trabajar. Quieren quedarse en los Estados Unidos. Han solicitado la tarjeta verde. 2. Saben que sin la tarjeta verde no pueden aceptar el trabajo que quieran. 3. No es fácil sacar la tarjeta verde. Uno se sienta en la Oficina de Inmigración y se espera todo el día. 4. Hay que llenar todos los formularios según digan los oficiales y firmarlos donde sea necesario. 5. Alfonso y Guillermo tienen todos los documentos necesarios. Esperan que hoy los oficiales les den la tarjeta verde.

Laboratory Worksheet

(V) A. 1. b 2. c 3. a 4. a 5. c

B. 1. Gustavo ha venido a Nueva York para saber más sobre las fábricas norteamericanas. 2. Se le perdieron la tarjeta de identidad y unas tarjetas de crédito. 3. En Colombia se cree que los policías de Nueva York saben español. 4. Gustavo Espina tiene una cita con el jefe de una fábrica de ropa. 5. No. Es su tercer viaje a Nueva York.

C. 1. Pedro no puede conseguir un buen trabajo. (Pedro no tiene la tarjeta verde.) 2. Pedro es de Guatemala. 3. Pedro entró a los Estados Unidos legalmente. 4. Pedro puede solicitar la tarjeta verde allí. 5. Pedro dice que allí tratan muy mal a los hispanos.

Lección 14

Workbook Exercises

A. 1. Sí, apáguelo. 2. Sí, guárdelas. 3. Sí, póngala. 4. Sí, ciérrelas. 5. Sí, hágaselo.

B. 1. No salgas ahora. Sal más tarde. 2. No las recojas ahora. Recógelas más tarde. 3. No te la cambies ahora. Cámbiatela más tarde. 4. No los veas ahora. Velos más tarde. 5. No lo pongas ahora. Ponlo más tarde. 6. No me lo hagas ahora. Házmelo más tarde.

C. 1. Pónganlas en la mesa. 2. Dénselo al funcionario. 3. Llévenla a la ventanilla. 4. Recójanlos a las cuatro. 5. Vayan con la señorita Alarcón. 6. Déjenlos en el armario.

D. Answers will vary. Some suggested responses: 1. La señora Rubio es más pequeña que la señora Madero. 2. José Luis lee más (libros) que Pablo. 3. Elena corre más rápidamente que Francisco. 4. El estéreo cuesta más que el radio. 5. Julio pintó menos que Juana. 6. Mi casa tiene más dormitorios que tu casa. 7. Bárbara camina más despacio que Claudia.

E. 1. tan 2. tantas 3. tan 4. tanto 5. tantos 6. tantas 7. tanta 8. tanto

F. 1. Julia, sentémonos un rato antes de cenar. 2. Está bien. Yo también estoy cansada. Trabajé mucho hoy. 3. Prende (pon) el estéreo. Me voy a acostar en el sofá. 4. Relájate. Subo a ducharme. Vuelvo pronto. 5. ¿Dónde quiere que yo ponga la lavadora, señora? 6. Córrala un poco a la derecha, por favor. Y deje la secadora al lado. 7. ¿Debo colocar (poner) la nevera detrás de la mesa? 8. No, no la coloque allí. Córralo contra la pared azul. 9. ¿Necesita que yo instale el lavaplatos también? 10. Sí, por favor. Instálelo a la izquierda de la puerta.

Laboratory Worksheet

(IV) A. 1. b 2. a 3. c 4. c 5. b 6. a

B. 1. F 2. F 3. T 4. T 5. T

C. 1. El sofá va en la sala. 2. Va a colocarse delante de la ventana. 3. Tiene que dejar la silla al lado del estéreo. 4. Quiere que la ponga en el dormitorio, detrás de la cama.

Lección 15

Workbook Exercises

A. 1. Tú pasaste el día comprando cosas para la fiesta. 2. Mis hermanitos pasaron el día escuchando discos. 3. Yo pasé el día yendo y viniendo a la universidad. 4. Mi papá pasó el día viajando por la ciudad. 5. Mi familia y yo pasamos el día cocinando y limpiando la casa. 6. Ustedes pasaron el día divirtiéndose en el centro.

B. 1. Sí, pero ahora están dando muchas rebajas. 2. Sí, pero ahora se están vendiendo cosas mejores. 3. Sí, pero ahora están tratando de ayudar al cliente. 4. Sí, pero ahora están aceptando todas las tarjetas y también los cheques personales. 5. Sí, pero ahora las están arreglando mejor (están arreglándolas mejor). 6. Sí, pero ahora está pasando casi todo el día allí.

C. 1. Sí, sigue trabajando en la misma tienda. 2. Sí, sigue estudiando para arquitecta. 3. Sí, sigue enseñando la misma materia. 4. Sí, siguen exigiendo tanto trabajo como antes. 5. Sí, siguen tomando el mismo número de materias. 6. Sí, sigo asistiendo al teatro todas las semanas.

D. 1. Ah, ése es el que tiene las mejores notas del colegio. 2. Ah, ésos son los que trabajaron en la comedia que vimos ayer. 3. Ah, aquél es el que se leyó más que ningún otro el año pasado. 4. Ah, ésta es la que tiene quince mil libros en español. 5. Ah, aquéllas son las que acaban de perder su empleo. 6. Ah, éstas son las que se les perdieron a tus hermanos.

E. 1. Sí, pero los tuyos son más modernos que los suyos (los de ellos). 2. Sí, pero el suyo es más original que el mío. 3. Sí pero la suya es más famosa que la nuestra. 4. Sí, pero el suyo (el de él) es más divertido que el nuestro. 5. Sí, pero las suyas (las de él) son más interesantes que las tuyas. 6. Sí, pero el tuyo es más caro que el mío.

F. 1. Aquí estamos juntos, mirando la tele(visión). No nos estamos divirtiendo realmente. 2. Estoy leyendo la cartelera ahora mismo. 3. Déjame ver. Están presentando algunas obras interesantes en el centro. 4. Sí. Y están pasando una película policíaca en el Teatro Argentina. 5. ¡Ésa es la que quería ver! 6. ¡Mira! Se está presentando también un concierto en el Teatro Sol. Es el estreno del pianista Mario Flores. 7. ¡Por Dios! ¿Cuál (Qué) espectáculo debemos escoger? 8. Salgamos (Vamos a salir) ahora mismo. Podemos decidir después.

Laboratory Worksheet

(IV) A. 1. c 2. b 3. a 4. a 5. c

B. Answers will vary. Suggested responses: 1. Realizaron el estreno de una obra de teatro (en el Teatro Lorca). 2. Están diciendo que la obra es magnífica (. . . que va a ser un exitazo). 3. Toca una orquesta. (Los actores cantan y bailan.) 4. Hay funciones todos los días (. . . a las siete de la tarde y a las once de la noche). 5. Se están acabando los boletos en la taquilla.

C. 1. a 2. a 3. c

Lección 16

Workbook Exercises

A. 1. Todavía no saben si saldrán. 2. Todavía no sé si podré. 3. Todavía no sabe si los reparará. 4. Todavía no sabemos si nos quedaremos. 5. Todavía no saben si se irán. 6. Todavía no sé si me mudaré.

B. 1. Yo no lo cambiaré tampoco. 2. Él no se lo dirá tampoco. 3. Ella no lo limpiará tampoco. 4. Él no se lo pedirá tampoco. 5. Nosotros no nos los pondremos tampoco. 6. Ellos no le pondrán más (gasolina) tampoco.

C. 1. Dijeron que saldrían, pero no salieron. 2. Dijo que se la lavaría, pero no se la lavó. 3. Dijeron que la cerrarían, pero no la cerraron. 4. Dije que podría (comprarlos), pero no pude. 5. Dijimos que asistiríamos al concierto pero no asistimos (a él). 6. Dijiste que me la darías, pero no me la diste. 7. Dijo que se lo explicaría, pero no se lo explicó. 8. Dije que me quejaría, pero no me quejé.

D. 1. Se irían a otro lugar. 2. Mediría el aceite. 3. Yo no compraría nada allí. 4. Nosotros pondríamos otro. 5. Tú comerías más rápidamente. 6. Nosotros solicitaríamos otro empleo.

E. 1. No sé. Le hará falta el dinero. 2. No sé. Escribirán mucho. 3. No sé. Estarán enfermos. 4. No sé. No tendrá el cepillo de dientes. 5. No sé. Querrá llegar a tiempo. 6. No sé. Será largo.

F. 1. No sé. Se habrán mudado. 2. No sé. Se le habrán caído. 3. No sé. Habrá trabajado en una pastelería. 4. No sé. Se me habrá quedado en casa. 5. No sé. Tú se lo habrás dicho. 6. No sé. Habrá ido a la bodega. 7. No sé. Me habré enojado con él. 8. No sé. Habremos salido de casa demasiado temprano.

G. 1. Tengo que llevar el coche (el carro) al taller. No podré ir de compras contigo. 2. Yo iré contigo. Luego iremos juntos a las tiendas. Tomaremos un taxi. 3. ¿Cuánto costará ese viaje en taxi? El taller está (queda) a unos dieciséis kilómetros del centro. 4. Costará unos 750 pesos. Si crees que es demasiado, esperaremos el carro. 5. El coche estará en el taller (por) dos o tres horas. No nos gustará esperar allí tanto tiempo. 6. Es verdad. El mecánico no te habrá dicho que tiene demasiados carros para reparar hoy.

Laboratory Worksheet

(IV) A. 1. b 2. a 3. c 4. c 5. b 6. a

B. Dialogue 1: 1. c 2. a 3. a Dialogue 2: 1. b 2. c 3. a

Lección 17

Workbook Exercises

A. 1. David celebrará su cumpleaños sin que los invitados traigan la piñata. 2. Salen al jardín antes de que nosotros almorcemos. 3. Patinen Uds. hasta que yo tenga que volver a casa. 4. Doblarás la película para que el director gane más plata. 5. Guardaré la ropa después (de) que Uds. la laven. 6. Llenamos los formularios sin que tú los firmes.

B. Answers will vary.

C. 1. para 2. por 3. para 4. por 5. Para 6. para 7. por 8. por 9. por 10. Para

D. 1. Hoy voy a casa de mi novia Adriana para que podamos celebrar su cumpleaños. 2. Adriana cumple diecinueve años hoy. 3. Habrá varios invitados en la fiesta. 4. Van a estar allí para la una. 5. Después de que almorcemos, los invitados le van a dar los regalos a Adriana. 6. Estaremos en el jardín a menos que haga mal tiempo. 7. Después de que comamos y cantemos, llevaré a Adriana a una obra de teatro. 8. Más tarde nos reuniremos con nuestros amigos, Paula y Federico. 9. Cenaremos y bailaremos hasta que Adriana tenga que volver (a casa). 10. Me imagino que disfrutaremos realmente (d)el día. ¡Feliz cumpleaños, Adriana!

Laboratory Worksheet

(IV) A. 1. a 2. a 3. b 4. b 5. b 6. c

B. Answers will vary. Suggested responses: 1. Pepe quiere ir trotando al jardín zoológico. 2. Tiene que ponerse los zapatos de tenis. 3. Ella no puede correr tan rápidamente como Pepe.

C. 1. F 2. T 3. F 4. F 5. F 6. T

Lección 18

Workbook Exercises

A. 1. Esperaba que controlaran la contaminación del ambiente. 2. Necesitaban un carpintero que reparara los muebles. 3. Buscábamos unos dependientes que entendieran estos asuntos. 4. Era importante que lucharas contra la inflación. 5. Tomaba más cursos de ecología sin que lo discutiéramos. 6. No había nadie que fuera más egoísta que Beatriz. 7. Sentía que Javier no mantuviera a su familia. 8. No iban a darte el informe a menos que yo lo leyera. 9. El sindicato prefería que no hubiera huelga. 10. Los obreros exigían que los dueños les dieran un aumento de sueldo.

B. Answers will vary.

C. 1. durmiera 2. quieres 3. habría 4. habrá 5. podremos 6. servirían 7. comprendiera 8. asistieran

D. Answers vary.

E. 1. Señor Guerrero, hemos venido del sindicato para pedirle que nos pague más dinero. 2. No discutiré nada con Uds. mientras sigan con la huelga. 3. Esperábamos que Ud. comprendiera los problemas de los obreros. 4. Claro que los comprendo. Si yo tuviera los fondos, les daría un sueldo mejor. 5. Es que no podemos mantener a nuestras familias con lo que estamos ganando. El costo de la vida es tan alto. 6. La inflación es un problema para mí, también. Los precios están controlados, y las máquinas que se compran para esta industria son muy caras. 7. Si fuera posible luchar contra la inflación sin huelga, lo haríamos. Pero no nos queda más remedio. 8. El desempleo es un peligro para Uds. y para mí. Si siguen con la huelga, perderemos mucho. 9. Y si no seguimos con ella, nosotros los obreros perderemos mucho más.

Laboratory Worksheet

(IV) A. 1. a 2. a 3. b 4. b 5. a 6. c

B. Answers will vary. Suggested responses: Dialogue 1: 1. El papá esperaba que Carlos fuera carpintero. 2. Encontrará un empleo donde hay que saber computación. 3. Tomará cursos de computación y encontrará un buen empleo. Dialogue 2: 1. Falta un buen programa para controlar la contaminación del ambiente. 2. Jorge cree que tienen que pensar en el futuro. (. . . que tienen que considerar los peligros de la industria.) 3. Tomás quiere que los políticos les digan que voten en contra del plan de traer más industrias al pueblo.